Pierre Bourdieu
Das religiöse Feld

édition discours

Klassische und zeitgenössische Texte
der französischsprachigen Humanwissenschaften

Herausgegeben von Franz Schultheis
und Louis Pinto

Band 11

Pierre Bourdieu

Das religiöse Feld

Texte zur Ökonomie des Heilsgeschehens

Herausgegeben von Stephan Egger, Andreas Pfeuffer und Franz Schultheis

Aus dem Französischen von Andreas Pfeuffer

UVK Universitätsverlag Konstanz GmbH

Die Deutsche Bibliothek – CIP-Einheitsaufnahme

Bourdieu, Pierre:
Das religiöse Feld: Texte zur Ökonomie des Heilsgeschehens / Pierre Bourdieu. Aus dem Franz. übers. von Andreas Pfeuffer. – Konstanz : UVK, Univ.-Verl. Konstanz, 2000
(Edition discours ; Bd. 11)
ISBN 3-87940-580-8

ISSN 0943-9021
ISBN 3-87940-580-8

Satz: Claudia Wild, Konstanz
Einbandentwurf: Riester & Sieber, Konstanz
Druck: Konkordia Druck GmbH, Bühl/Baden

UVK Universitätsverlag Konstanz GmbH
Schützenstr. 24 · D-78462 Konstanz
Tel. 0 75 31-90 53-0 · Fax 0 75 31-90 53-98
www.uvk.de

Inhalt

Editorische Vorbemerkung

Der internationale Verkehr intellektueller Güter geht oft seltsame Wege, er führt immer wieder über Umleitungen und steht scheinbar ohnmächtig Verzögerungen gegenüber, die den nationalen Wissenschaftsgemeinschaften oft genug jenen traurigen Zustand bescheren, sich mit nicht mehr ganz taufrischer Ware, den wenig haltbaren Erzeugnissen des Zeitgeschmacks, oder aber der eigenen, der Hausmannskost bescheiden zu müssen. Im vorliegenden Fall besteht allerdings Anlaß zur Hoffnung auf einen Genuß besonderer Art. Drei Jahrzehnte nach ihrer Entstehung werden der deutschsprachigen Öffentlichkeit hier erstmals zwei Arbeiten Pierre Bourdieus zugänglich gemacht, denen für die Entwicklung seines Werks ganz entscheidende Bedeutung zukommt, Untersuchungen zur Religionssoziologie, die zudem und untrennbar mit dem Namen Max Webers verbunden sind, und schon deshalb in zweifacher Hinsicht unsere Aufmerksamkeit verdienen.

Denn einerseits werfen diese Texte ein neues Licht auf die engen Wahlverwandtschaften zwischen Pierre Bourdieus und den Fragestellungen Max Webers, sie belegen bis in scheinbar Nebensächliches hinein, wie und bis wohin der französische Soziologe die Spuren des deutschen »Klassikers« auf seinem Weg zu einer umfassenden Theorie der sozialen Welt gelesen, gesichert, und weiterverfolgt hat. Zwar wird diese Nähe zum Weberschen »Programm« immer mehr als eine Art offenes Geheimnis gehandelt, die einschlägigen Fundstellen dazu fanden sich bisher allerdings nur sehr verstreut in Bourdieus beeindruckend umfangreichem Werk, auch wenn schon hier, ob nun in Gestalt theoretischer Anknüpfungen oder »Entzauberungen«, oder aber als ausdrückliche Ehrerbietung, jener Vorläufer einer bestimmten Art und Weise soziologischen Denkens immer wieder gegenwärtig ist, mit dem sich Bourdieu oft bis in Einzelheiten der theoretischen und wissenschaftspraktischen

Haltung tief verbunden zeigt. Diese Wahlverwandtschaften werden nun in den beiden frühen Arbeiten Bourdieus zur Religionssoziologie in sehr systematischer Weise herausgearbeitet. Einmal tritt dabei die von Weber zu Bourdieu führende Traditionslinie eines radikal herrschaftssoziologischen Ansatzes deutlich wie nie zutage, wird zum paradigmatischen Hintergrund des bourdieuschen Begriffs des »Feldes«, eines von der Konkurrenz um knappe Güter und dem Kampf um ihrer legitime Aneignung und Verfügbarkeit am Leben erhaltenen sozialen »Betriebs«. Wenn diese schonungslose Sicht der Dinge dabei umso ungeschminkter ausfällt, dann auch deshalb, weil Bourdieu, nicht ohne Grund, die Religionssoziologie für seinen Dialog mit Weber wählt. Herrschaft, Interesse, Konkurrenz, Ungleichheit, Gewalt und Zwang die Webersche und nun die Soziologie Bourdieus gewinnen gerade angesichts dieses Gegenstandes, der Urheimat kollektiver Verkennung, der sozialen Verzauberung *par excellence*, ihr ungeheures Potential für eine radikale Distanzierung und kritische Objektivierung, erschüttern vermeintliche Evidenzen und Plausibilitäten, und eröffnen der Soziologie mit diesem Akt der gedanklichen Entweihung des »Heiligen« alle Möglichkeiten einer kompromißlosen Kritik sämtlicher Erscheinungen gesellschaftlicher Verkennung, bis hinein in die scheinbar »reinsten« Bereiche der Zweckfreiheit und Weltentrücktheit, in das Feld der Kunst, der Philosophie, die Welt des »Geistes« selbst.

Auf der anderen Seite sind diese bisher im deutschsprachigen Raum weitgehend unbekannten Texte auch für die Deutung des Weberschen Werkes nicht ohne Belang. Sieht man sich das hiesige Feld der Weber-Exegese an, dann wird schnell klar, daß hier die »Weberianer« – in Anlehnung an die Erbfolgekriege des Hegelianismus ließe sich hier auch von »Rechts-« und »Linksweberianern« sprechen – in ihrem Kampf um die gültige Auslegung des großen »Klassikers« jeweils eigene, einander oft widersprechende Deutungen verfechten, in deren Getümmel die ursprünglichen Fragen des Erblassers meist verloren gehen. Bourdieus Lesart der Weberschen Soziologie ist davon völlig unbelastet, unbeeindruckt auch von der charismatischen Verzückung oder ideologischen Berührungsangst, die wenigstens nach dem Kriege mit dem Namen Webers in Deutschland verbunden waren. Seine Bewunderung gilt von Anfang an einem Weber, mit dem sich der historische Materialismus radikalisieren, Marx »links« überholen ließ, einem Weber, dessen radikal herrschaftssoziologische Sicht ihm zu allen Bereichen der Sozialwissenschaften die Wege öffnet, auf denen seine einheitsstiftende Theorie der sozialen Welt sich entfalten kann, eine Art des soziologischen »Blicks«, die ihm bei der Verdichtung eines Paradigmas hilft, das in den folgenden drei Jahrzehnten auf den unterschiedlichsten Forschungsgebieten unbeirrbar und empirisch höchst erfolgreich gesättigt wurde. Die enorme Wucht, mit der Bourdieu diesen herrschaftssoziologischen Ansatz verfolgt, erinnert in vielen Zügen an die Haltung Webers selbst, und sie trägt dazu bei, daß diese von der deutschen Weber-Exegese so stark vernachlässigte Seite weiterhin und beispielhaft Soziologiegeschichte schreibt. Viele fruchtbare Konzepte der Bourdieuschen Religionssoziologie, die hierzulande von der Weber-Forschung kaum gesehen, erst recht nicht weitergedacht wurden, treten im Bourdieuschen Zugriff auf Webers Soziologie in einer höchst werkgetreuen Aktualisierung zutage, machen den »Klassiker« auch für uns wieder zu einem »Zeitgenossen«.

Mit Bourdieu zu einer anderen Sicht Max Webers, mit Weber zu einem anderen Verständnis Bourdieus: dieser bewußt »zweideutigen« Absicht des vorliegenden kleinen Bandes sollen nicht nur die hier erstmals übersetzten Arbeiten Bourdieus zur Religionssoziologie dienen. Ergänzt werden sie von der Aufzeichnung eines ausführlichen Gesprächs mit dem Verfasser, der uns für Fragen im Hinblick auf den biographischen und werkgenetischen Stellenwert seiner Auseinandersetzung mit Max Weber bereitwillig zur Verfügung stand, und einem ausführlichen Nachwort, das diesen Zusammenhängen auf breiterem Raum nachzugehen versucht, als ihn ein editorischer »Appetithappen« beanspruchen kann.

Die Herausgeber

Eine Interpretation der Religion nach Max Weber

Wenn Max Weber in seinem hartnäckigen Bemühen, die historische Wirksamkeit religiöser Überzeugungen gegenüber den reduktionistischschsten Äußerungen der marxistischen Theorie zu belegen, manchmal den Charisma-Begriff etwas überbetont hat, und dies, wie bemerkt wurde, nicht ohne Anklänge an eine »heroische« Geschichtsphilosophie nach Art Carlyles, etwa dort, wo er den charismatischen Führer als die »spezifisch ›schöpferische‹ revolutionäre Macht der Geschichte« bezeichnet[1], gab er sich doch selbst die Mittel an die Hand, um der simplifizierenden Alternative zu entgehen, deren Produkt seine am wenigsten überzeugenden Analysen sind; zum einen der Illusion absoluter Autonomie, welche die religiöse Botschaft als spontan hervorgebrachtes Produkt der Inspiration begreift, zum anderen der reduktionistischen Theorie, welche hier einfach den direkten Reflex ökonomischer und sozialer Bedingungen sieht. Er legte nämlich offen, was die beiden zueinander gegensätzlichen und dadurch komplementären Positionen gleichermaßen vergessen, nämlich die von spezialisierten Akteuren verrichtete *religiöse Arbeit*, die gegenüber externen, vor allem ökonomischen Zwängen relativ autonom und mit institutioneller oder nicht-institutioneller Macht versehen sind und mittels eines bestimmten Typus von Praktiken und Diskursen eine besondere Kategorie von Bedürfnissen bestimmter gesellschaftlicher Gruppen befriedigen.

Doch um den Gedankengang Max Webers bis zum Ende weiter zu verfolgen (und dabei entschieden innerhalb der Grenzen einer wenn auch freien *Interpretation* zu bleiben), müssen zunächst noch die Schwierigkeiten behoben werden, auf die er

1 Max Weber, *Wirtschaft und Gesellschaft*, 5. Rev. Aufl., Tübingen, Mohr, 1980, S. 658. Die ohne andere Verweise genannten Seitenzahlen beziehen sich auf *Wirtschaft und Gesellschaft* (zitiert als: *WuG*).

bei seinem Versuch stößt, die »Protagonisten« religiösen Handelns, also Propheten, Zauberer und Priester zu definieren. Den Kern all dieser Schwierigkeiten, für die seine langen Aufzählungen von Ausnahmen stehen, bildet das Konzept des »Idealtypus«. Es verurteilt ihn dazu, sich entweder mit allgemeinen Definitionen von äußerster Dürftigkeit zu begnügen (beispielsweise »den regelmäßigen [...] Kultusbetrieb« als Kennzeichen der Priesterschaft), oder differenzierende Charakteristika einfach anzuhäufen. Dabei gesteht er sogar ein, daß sie »nicht eindeutig feststellbar« sind, sich (selbst in separatem Zustand) nie universell auffinden lassen, und daß man die Existenz aller empirischen Zwischenstufen zwischen diesen konzeptionellen Typen hinnehmen muß, welche hauptsächlich aus einfachen Aneinanderreihungen von Unterscheidungsmerkmalen bestehen. »Der Gegensatz ist in der Realität durchaus flüssig, wie fast alle soziologischen Erscheinungen. Auch die Merkmale der begrifflichen Abgrenzung sind nicht eindeutig feststellbar. [...] Auch dieser begrifflich klare Gegensatz ist natürlich in der Realität flüssig. [...] Der Unterschied müßte qualitativ, [...] hier und dort gefunden werden.«[2]

Dennoch genügt es, in den letzten Zeilen eines jeden der Paragraphen des Kapitels »Typen religiöser Vergemeinschaftung« von *Wirtschaft und Gesellschaft* mehr als nur rhetorische Überleitungen zu sehen, um die Grundabsicht des Weberschen Forschungsprogramms zu erfassen.[3] Am Schluß des dem Zauberer und dem Propheten gewidmeten §2 stoßen wir etwa auf folgende Stelle: »Dies setzt vielmehr der – nicht ausnahmslosen –

2 S. 259.

3 Diese Untersuchung stützt sich im wesentlichen auf das ausdrücklich der Religion gewidmete Kapitel V von *WuG* (S. 254–381), sowie auf den Abschnitt VI der Soziologie der Herrschaft mit dem Titel »Politische und hierokratische Herrschaft« (S. 688–726), also auf Texte, die zwischen 1911 und 1913 verfaßt wurden; daneben werden auch nach 1918 geschriebene Texte hinzugezogen, wie etwa der §8 des Kapitels I mit dem Titel »Begriff des Kampfs« (S. 20f.) oder der §17 desselben Kapitels unter der Überschrift »Politischer Verband und hierokratischer Verband« (S. 29f.).

Regel nach das Eingreifen außerpriesterlicher Mächte voraus. Einerseits eines Trägers von metaphysischen oder religiös-ethischen ›Offenbarungen‹: des Propheten. Andererseits die Mitwirkung der nicht priesterlichen Anhänger eines Kultus: der ›Laien‹. Ehe wir die Art betrachten, wie durch die Einwirkung dieser außerpriesterlichen Faktoren die Religionen nach Überwindung der überall auf der Erde sehr ähnlichen Stufen der Magie fortentwickelt werden, müssen wir gewisse typische Entwicklungstendenzen feststellen, welche durch das Vorhandensein priesterlicher Interessenten eines Kultus in Bewegung gesetzt werden.«[4] Ebenso am Ende von § 3: »Prophetie und Priestertum sind die beiden Träger der Systematisierung und Rationalisierung der religiösen Ethik. Daneben aber fällt als dritter, die Entwicklung bestimmender Faktor der Einfluß derjenigen ins Gewicht, auf welche Propheten und Priester ethisch zu wirken suchen: der ›Laien‹. Wir müssen die Art des Mit- und Gegeneinanderwirkens dieser drei Faktoren zunächst ganz allgemein in Kürze erörtern.«[5] Zum Abschluß des dem Propheten gewidmeten § 4 weist Weber nochmals mit Nachdruck auf die Notwendigkeit hin, die unterschiedlichen Instanzen in ihrer Interaktion zueinander zu begreifen: »Wir müssen daher die *gegenseitigen Beziehungen* von Priestern, Propheten und Nichtpriestern näher erörtern«.[6] Schließlich findet sich in dem der Gemeinde gewidmeten § 5 folgende Passage: »Die drei im Kreise der Laien wirksamen Mächte aber, mit welchen das Priestertum sich auseinanderzusetzen hat, sind 1. Die Prophetie, – 2. Der Laientraditionalismus, – 3. Der Laienintellektualismus. Diesen Mächten gegenüber wirken sich die Notwendigkeiten und Tendenzen des priesterlichen Betriebs rein als solchem als eine ebenfalls wesentlich mitbestimmende Macht aus.«[7]

4 S. 260 f.
5 S. 268.
6 S. 275. Hervorhebung P. B.
7 S. 278.

Man muß diese verschiedenen Passagen nur einmal einander gegenüberstellen und ihnen so ihre volle Bedeutung geben, um daraus durch einen ersten Bruch mit der expliziten Methodologie Max Webers eine Vorstellung von den Beziehungen zwischen den religiösen Akteuren zu entwickeln, die man *interaktionistisch* (so wie man heute von *symbolischem Interaktionismus* spricht) nennen könnte. Wenn sich diese Vorstellung zwischen den Zeilen finden läßt, und zwar durch eine Lesart, die das relative Gewicht verschiebt, das der Autor den unterschiedlichen Aspekten seiner Untersuchung zuweist, dann liegt der Grund hierfür allem Anschein nach darin, daß die Denkwerkzeuge, über die Max Weber verfügte, für eine erschöpfende und systematische Bewußtmachung der Prinzipien, die er (zumindest vorübergehend) in seiner Forschung anwandte, hinderlich waren und aus diesem Grund nicht Gegenstand einer methodischen und systematischen Umsetzung werden konnten. Die Reformulierung der Weberschen Untersuchungen in der Sprache des symbolischen Interaktionismus läßt sich um so leichter und allem Anschein nach um so legitimer bewerkstelligen, als sich ja aus den theoretischen Schriften Max Webers die explizit formulierten Grundzüge einer Theorie des symbolischen Interaktionismus mühelos herausziehen lassen.

Die Untersuchung der Logiken der *Interaktionen*, die sich zwischen den in Opposition zueinander stehenden Akteuren abspielen, muß der Konstruktion der objektiven Beziehungen zwischen den *Positionen* untergeordnet werden, die von diesen Akteuren innerhalb des *religiösen Feldes* eingenommen werden, einer Struktur, welche die Formen der Interaktion wie auch die Vorstellungen bestimmt, die sich die Akteure davon machen. Da sie den Kern der Praktiken und Vorstellungen in der Logik der symbolischen Interaktion und besonders in der Vorstellung sucht, welche sich die Akteure durch Vorwegnahme oder durch Erfahrung vom Handeln anderer Akteure machen können, mit denen sie direkt konfrontiert sind, stellt die strikt »interaktionistische« Sichtweise sozialer Beziehungen zweifelsohne das tückischste unter den epistemologischen Hindernissen dar, weil sie die Konstruktion der objektiven Beziehungen zwischen den von den Akteuren in einer Interaktion eingenommenen Positionen (oder den Posten) verhindert. Sie reduziert die Relationen zwischen den Positionen auf die Ebene »intersubjektiver« und »interpersoneller« Beziehungen zwischen den Akteuren, welche diese Positionen einnehmen. Nur die Konstruktion des religiösen Feldes als Gesamtsystem der objektiven Relationen zwischen den Positionen führt uns zum Kern der direkten Interaktionen zwischen den Akteuren sowie der Strategien, die sie gegeneinander verfolgen können. Allein eine solche Konstruktion kann uns von der typisch aristotelischen Logik des *typologischen* Denkens befreien, das, weil es auf dem Primat der Substanzen über die Relationen sowie auf dem Ausklammern der historischen Einmaligkeit der unterschiedlichen Konfigurationen des religiösen Feldes und damit der objektiven Beziehungen zwischen den im religiösen Bereich konkurrierenden Protagonisten beruht, die Verschiedenheit der Varianten nur über die Aufzählung einer endlosen Reihe von Ausnahmen von »Realtypen« erfaßt.

Das religiöse Interesse und seine Formen

Die sich im religiösen Feld vollziehenden symbolischen Interaktionen verdanken ihre spezifische Form der eigentümlichen Natur des *Interesses*, das dabei auf dem Spiel steht, des *religiösen Interesses* also, welches die Laien veranlaßt, von den religiösen Spezialisten die Ausübung von, wie Weber schreibt, »magisch oder religiös motiviertem Handeln« zu erwarten, welches »in seinem urwüchsigen Bestande, diesseitig ausgerichtet« sowie praktisch ist und vollzogen wird, »auf daß es dir wohl ergehe und du lange lebest auf Erden«.[8] Jede Definition des religiösen Bedürfnisses bleibt notwendigerweise rudimentär und

8 In Anlehnung an den Wortlaut des Versprechens an diejenigen, die Vater und Mutter ehren; S. 245.

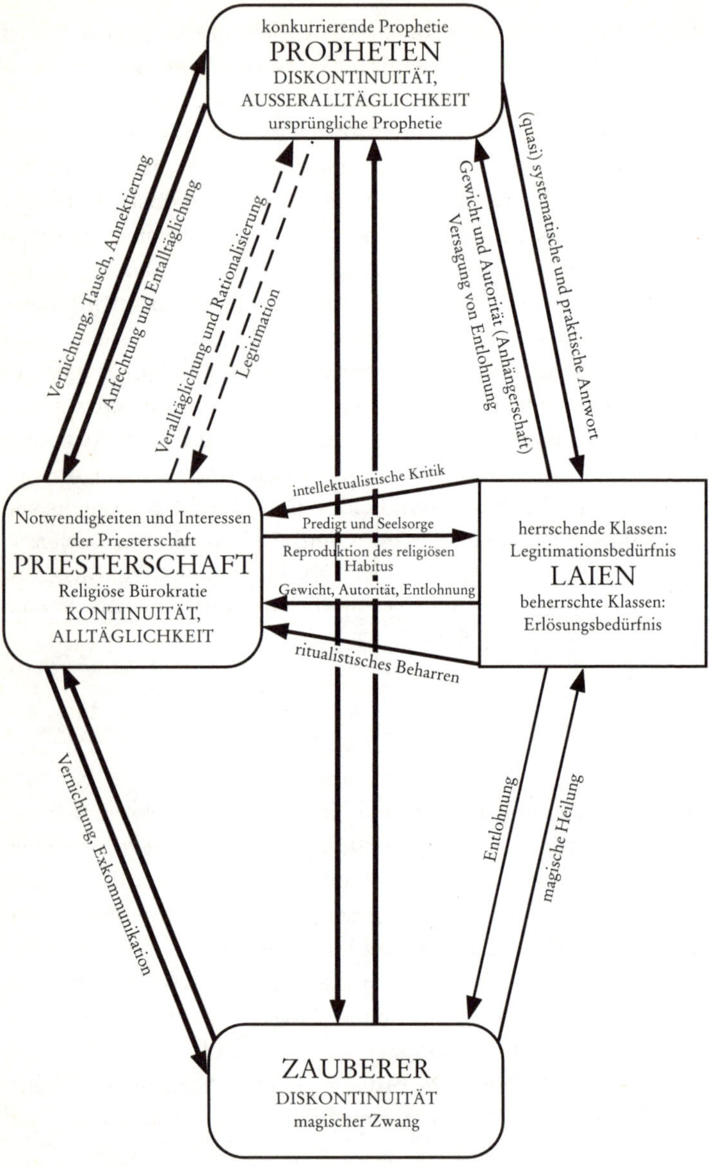

→ objektives Tauschverhältnis: religiöse Dienstleistung gegen Macht

⇒ objektive Konkurrenzbeziehung

äußerst vage, solange man dieses Bedürfnis nicht hinsichtlich der unterschiedlichen Gruppen oder Klassen und der besonderen Interessenkonstellationen in der religiösen Sphäre differenziert.[9] (Der Begriff des religiösen Bedürfnisses oder Interesses, wie es Weber definiert, ist nur mangelhaft ausgearbeitet. Da sie von den Existenzbedingungen der Akteure bestimmt sind, sind die religiösen Bedürfnisse Teil der Systeme möglicher menschlicher Dispositionen; sie sind allerdings auch in Form und Ausdrucksbedingungen vom Angebot und dem Handeln professioneller religiöser Akteure bestimmt.)

Die *magischen Interessen* unterscheiden sich von den spezifisch religiösen Interessen durch ihren *eingegrenzten* und *unmittelbaren* Charakter. Sie begegnen einem um so häufiger, je weiter man die gesellschaftliche Stufenleiter hinabsteigt, vorwiegend bei den Unterschichten, den Bauern, deren Los »stark naturgebunden, [...] sehr von organischen Prozessen und Naturereignissen abhängig und auch ökonomisch aus sich heraus [...] wenig auf *rationale Systematisierung* eingestellt« ist.[10] Je mehr Gewicht der bäuerlichen Tradition innerhalb einer Kultur zukommt, desto stärker ist die Volksreligiosität magisch ausgerichtet. Die Bauern, die gemeinhin dem Wetterzauber und animistischer Magie oder Ritualismus verhaftet sind, beschränken tendenziell ihre ethische Religiosität (Gott wie auch dem Priester gegenüber) auf eine streng formalistische Moral des *do ut des*, außer wenn ihnen Versklavung oder Proletarisierung droht.[11] Dagegen bilden die Stadt und die städtischen Berufe die besten Voraussetzungen für eine »Rationalisierung« und eine »Ethisierung« der religiösen Bedürfnisse. So beobachtet Weber: »Die ökonomische Existenz des Bürgertums ruht auf

9 Das ist insbesondere Gegenstand von §7 (»Stände, Klassen und Religion«; S. 285–314). Eine weitere Untersuchung der Unterschiede zwischen den religiösen Interessen der Bauern und des städtischen Kleinbürgertums findet sich noch im Kapitel »Politische und hierokratische Herrschaft«; S. 688–726.

10 S. 285; Hervorhebung P.B.

11 S. 285f.

(gegenüber dem Saisoncharakter der Landarbeit) *stetiger* und – gegenüber deren Hingegebenheit an die ungewohnten und unbekannten Naturgewalten – *rationaler* (mindestens empirisch rationalisierter) Arbeit, welche den Zusammenhang von Zweck, Mittel, Erfolg oder Mißerfolg im wesentlichen übersehen und ›verständlich‹ erscheinen läßt [...].« In dem Maße, wie sich »das dadurch bedingte Maß von relativer Rationalisierung und Intellektualisierung [...] mit dem Verlust der unmittelbaren Beziehung zu der plastischen und vitalen Realität der Naturgewalten« paart, werden sie, »aus ihrer Selbstverständlichkeit gerissen [...] nun zum Problem«. »Die rationalistische, stets zur religiösen Spekulation führende Frage nach einem ›Sinn‹ des Daseins jenseits seiner selbst taucht auf. [...] und zugleich liegt bei der berufsmäßigen stetigen Art der Kundenarbeit des Handwerkers die Entfaltung des ›Pflicht‹- und ›Lohn‹-Begriffes als Verankerung der Lebensführung, bei der Art seiner stärker der rationalen Ordnung bedürftigen sozialen Verflochtenheit das Hineintragen moralisierender Wertungen in die Religiosität überhaupt nahe.«[12]

Der Prozeß der Ethisierung und Moralisierung, der von der Magie zur Religion hin führt oder, so man will, vom Tabu zur Sünde, hängt nicht nur von den Interessen der »zwei Protagonisten der Systematisierung und Rationalisierung, des Propheten und des Klerus« ab, sondern auch von den Wandlungen der wirtschaftlichen und sozialen Lage der Laien. Daher wird die Entwicklung zum Monotheismus Max Weber zufolge von zwei Faktoren gehemmt, einerseits den »mächtigen ideellen und materiellen Interessen der an den Kulten und Kultstätten der Einzelgötter interessierten Priesterschaften«, die also gegenüber jenem zum Verschwinden der kleinen Heilsunternehmen führenden »Konzentrationsprozeß« feindselig eingestellt sind, andererseits von »den religiösen Interessen der Laien an einem greifbaren, nahen, [...] vor allem: der magischen Beeinflussung

12 S. 703; Hervorhebung P.B.

zugänglichen religiösen Objekt.«[13] Demgegenüber konnte der Jahwe-Kult schließlich über die im alten Palästina scheinbar vorherrschenden synkretistischen Tendenzen die Oberhand gewinnen, weil das Wirken einer ganzen Reihe gleichgelagerter Faktoren diese Hindernisse hatte aus dem Weg räumen können. Als die politische Lage immer schwieriger wurde, bewirkte dies bei den Juden, die eine zukünftige Verbesserung ihres Schicksals nicht mehr allein von ihrer Konformität gegenüber dem göttlichen Willen erwarten konnten, daß sie die unterschiedlichen traditionellen Kultformen, besonders die Orakel mit doppeldeutigen und rätselhaften Antworten, als nicht mehr zufriedenstellend ansahen. Das führte dazu, daß sich das Bedürfnis nach rationelleren Methoden der Erkenntnis des göttlichen Willens und nach Priestern, die zu ihrer Handhabung befähigt waren, bemerkbar machte. In diesem Fall fand der Konflikt zwischen der kollektiven Nachfrage – die tatsächlich mit dem objektiven Interesse der Leviten insofern zusammenfiel, als sie tendenziell alle konkurrierenden Kulte ausschloß – und den Partikularinteressen der Priester der zahlreichen privaten Heiligtümer in der zentralisierten und hierarchisierten Organisation der Priesterschaft eine Lösung. Diese sah so aus, daß die Rechte aller Priester gewahrt blieben, ohne daß sie jedoch der Errichtung eines Monopols auf den Jahwe-Kult in Jerusalem zuwiderliefen.

Von (noch als Oberbegriff definierten) spezifischen religiösen Interessen läßt sich sprechen, wenn neben der magischen Nachfrage, die zumindest in bestimmten Klassen weiterhin existiert, die Erwartung einer systematischen Botschaft aufkommt, die dem Leben einen *einheitlichen Sinn* zu verleihen vermag. Sie muß hierfür ihren bevorzugten Adressaten eine durchgehende Sicht der Welt und der menschlichen Existenz anbieten und ihnen die Mittel zur Verwirklichung der systematischen Integration ihrer alltäglichen Lebensführung an die Hand geben, und damit auch die *Rechtfertigung für ihre Exi-*

13 S. 257.

stenz in ihrer besonderen Form, also in einer *bestimmten sozialen Position.*[14]

Wenn es so etwas wie gesellschaftliche Funktionen der Religion gibt und die Religion infolgedessen der soziologischen Analyse zugänglich ist, so erwarten die Laien von ihr nicht allein Rechtfertigungen für ihr Dasein, die sie der existentiellen Angst vor dem Ausgeliefertsein an den Zufall und vor Verlassenheit oder gar dem biologischen Elend, der Krankheit, dem Leiden und dem Tod entreißen könnten, sondern auch gesellschaftliche Rechtfertigungen dafür, eine bestimmte Position innerhalb der Sozialstruktur einzunehmen. Diese Definition der Funktion der Religion ist nur die allgemeinste Form derjenigen, mit der Max Weber implizit in seinen Untersuchungen der Weltreligionen operiert: Die symbolische Überführung des Seins in ein Sein-Sollen, welche die christliche Religion Nietzsche zufolge vollzieht[15], bildet den Kern aller sozialer Theodizeen, ob sie nun wie die *Karma*-Lehre die bestehende Ordnung direkt und unmittelbar über die Rechtfertigung der sozialen Qualität eines jeden Individuums im Kastensystem, über seinen Grad religiöser Qualifizierung innerhalb des Zyklus der Seelenwanderung rechtfertigen, oder eher indirekt, wie die Jenseits-Soteriologien, die eine posthume Umkehrung dieser Ordnung versprechen. Möglich wird ihr das dadurch, daß sie die Hoffnung auf eine verkehrte Welt in Aussicht stellt, in der die Letzten die Ersten sein werden, oder indem sie im gleichen Zug die sichtbaren Stigmata wie Krankheit, Leiden, Mißbildungen oder Gebrechen in Erkennungszeichen religiöser Erwähltheit verwandelt.

---

14 »Jedes Erlösungsbedürfnis ist Ausdruck einer ›Not‹, und soziale oder ökonomische Gedrücktheit ist daher zwar keineswegs die ausschließliche, aber naturgemäß eine sehr wirksame Quelle seiner Entstehung« (S. 299).

15 F. Nietzsche, *Zur Genealogie der Moral*, in: *Sämtliche Werke. Kritische Studienausgabe*, Bd. 5, München/Berlin/New York, dtv/de Gruyter, 1988; *WuG*, S. 299–304 und S. 536f.

Insofern der Rechtfertigungsbedarf für ein Dasein in einer bestimmten gesellschaftlichen Position den Ausgangspunkt für die religiösen Interessen bildet, sind sie direkt durch die soziale Situation und die religiöse Botschaft bestimmt. Dabei vermag diejenige religiöse Botschaft am ehesten der religiösen Nachfrage einer Gruppe zu genügen und auf diese Gruppe die ihr eigene symbolische Mobilisierungsfunktion auszuüben, die ihr einen Rechtfertigungszusammenhang für ihre Existenz in einer bestimmten sozialen Position liefert. Die schon fast wunderliche Harmonie zwischen dem Inhalt der religiösen Heilsbotschaft, die sich durchzusetzen vermag, und den im strengsten Sinne weltlichen, also vor allem politischen Interessen ihrer Hauptadressaten, ist eine unabdingbare Voraussetzung für ihren Erfolg. So beobachtet Max Weber beispielsweise, daß »Begriffe wie ›Sünde‹, ›Erlösung‹, religiöse ›Demut‹ [...] dem Würdegefühl aller politisch herrschenden Schichten, vor allem aber des Kriegsadels, nicht nur fernzuliegen, sondern es direkt zu verletzen [pflegen]«.[16] »Will man die Schichten, welche Träger und Propagatoren der sog. Weltreligionen waren, schlagwörtlich zusammenfassen, so sind dies für den Konfuzianismus der weltordnende Bürokrat, für den Hinduismus der weltordnende Magier, für den Buddhismus der weltdurchwandernde Bettelmönch, für den Islam der weltunterwerfende Krieger, für das Judentum der wandernde Händler, für das Christentum aber der wandernde Handwerksbursche, sie alle nicht als Exponenten ihres Berufes oder materieller ›Klasseninteressen‹, sondern als *ideologische Träger* einer solchen Ethik oder Erlösungslehre, die sich *besonders leicht* mit ihrer sozialen Lage *vermählte*.«[17]

Max Weber lokalisiert den Kern der Systeme religiöser Interessen in der Vorstellung, die sich die positiv und »negativ privilegierten« Schichten jeweils von ihrer Stellung innerhalb der Sozialstruktur machen: Während bei den ersteren »das Würde-

16 S. 288.
17 S. 311; Hervorhebung P. B.

gefühl, [...] die ›Vornehmheit‹ also, auf dem Bewußtsein der ›Vollendung‹ ihrer Lebensführung als eines Ausdrucks ihres qualitativen, in sich beruhenden, nicht über sich hinausweisenden ›Seins‹ ruht«, kann es bei den letzteren nur auf der Verheißung einer Erlösung vom Leiden und auf einer Anrufung der Vorsehung fußen, die dem, was sie sind, in bezug auf das, was sie zu sein berufen sind, Sinn verleihen kann.[18] Es ist keineswegs ein Zufall, wenn in den großen politischen Bürokratien die *Legitimationsfunktion* ihren vollendetsten Ausdruck und zugleich ihre quasi explizite und zynische Formulierung erfährt. »Eine tiefe Verachtung aller irrationalen Religiosität, verbunden mit der Einsicht in ihre Brauchbarkeit als Domestikationsmittel pflegt die Bürokratie zu kennzeichnen.«[19] An anderer Stelle zeigt Max Weber in beinahe denselben Begrifflichkeiten, daß die großen hierokratischen Mächte (die Kirchen) dazu neigen, der politischen Macht eine unersetzliche »legitimierende Macht« zu liefern, und daß sie »das unvergleichliche Mittel der Domestikation der Beherrschten« sind.[20] Demgegenüber werden die negativ privilegierten Klassen die Träger von Kompensationsbedürfnissen (Erlösungsreligionen). Man kann das beim Bauern beinahe nicht vorhandene und seine höchste Intensität in den intellektuellen Schichten erreichende Bedürfnis nach Systematisierung als eine von der vorhergehenden unabhängige Variable ansehen (mit der man sie nur kombinieren muß, um die spezifischeren religiösen Bedürfnisse, etwa die des »proletaroiden Intellektuellen« zu erklären). »Stets ist die Erlösung, die der Intellektuelle sucht, eine Erlösung von ›innerer Not‹ und daher einerseits lebensfremderen, andererseits prinzipielleren und systematischer erfaßten Charakters, als die Erlösung von äußerer Not, welche den nicht privilegierten Schichten eignet. Der Intellektuelle [...] ist es, der die Konzeption der ›Welt‹ als eines ›*Sinn*‹-Problems vollzieht. Je mehr

18 S. 298f.
19 S. 290.
20 S. 701.

der Intellektualismus den Glauben an die Magie zurückdrängt, und so die Vorgänge der Welt ›entzaubert‹ werden, ihren magischen Sinngehalt verlieren, nur noch ›sind‹ und ›geschehen‹, aber nichts mehr ›bedeuten‹, desto dringlicher erwächst die Forderung an die Welt und ›Lebensführung‹ je als Ganzes, daß sie bedeutungshaft und ›sinnvoll‹ geordnet seien.«[21]

Die Konkurrenz um religiöse Legitimität

Die Konkurrenz um die religiöse Macht verdankt ihre Besonderheit (vor allem im Vergleich zu der etwa im politischen Feld herrschenden Konkurrenz) dem Umstand, daß bei ihr das *Monopol der legitimen Ausübung der Macht auf dem Spiel steht, dauerhaft und tiefgreifend Einfluß auf die Praxis und Weltsicht der Laien zu nehmen*, indem sie ihnen einen *religiösen Habitus* aufzwingt und einprägt, also eine dauerhaft verallgemeinerte und übertragbare Disposition, in Übereinstimmung mit den Prinzipien einer quasi systematischen Sicht der Welt und des Daseins zu handeln und zu denken.

Die Natur und Form der direkten Interaktionen zwischen den an diesem Konkurrenzkampf beteiligten Akteuren oder Institutionen sowie die Instrumente und Strategien, die jene darin einsetzen oder verfolgen, hängen vom System der Interessen sowie der *spezifisch religiösen Autorität* ab, die ein jeder von ihnen einerseits seiner Position innerhalb der Teilung der Arbeit des symbolischen Umgangs mit den Laien, und andererseits seiner Position innerhalb der objektiven Struktur der das religiöse Feld definierenden spezifisch religiösen Autoritätsbeziehungen verdankt. Weber hat es beständig unterlassen, zwischen direkten Interaktionen und der Struktur der sich objektiv, ohne jegliche Interaktion zwischen den religiösen Instanzen einstellenden Beziehungen zu unterscheiden, die ja ausschlaggebend sind für die Form, die die Interaktionen annehmen können

21 S. 307 f.; Hervorhebung P. B.

(und die Vorstellungen, welche die Akteure von ihnen haben), weshalb er dann die Frage nach der Legitimität auf die Frage nach den *Vorstellungen von Legitimität* reduziert.

Unter den an die Teilung der religiösen Arbeit gebundenen Faktoren ist derjenige der wirkmächtigste, der die *unmittelbaren Produzenten* der Prinzipien einer mehr oder weniger systematischen Sicht der Welt und des Daseins, nämlich die Propheten, in Opposition zu den *Reproduktionsinstanzen* (der Kirche) bringt. Letztere finden ihren Organisationszweck darin, langfristig eine für die Einprägung einer solchen Sicht nötige dauerhafte Aktivität auszuüben. Sie sind daher mit einer für die Verrichtung dieser Aktivität unabdingbaren spezifisch religiösen Legitimität versehen. Insbesondere was die Form der Ausübung dieses religiösen Handelns betrifft, also die zeitliche Struktur des auf die Durchsetzung und Einprägung der Lehre bedachten Handelns sowie die Mittel, die er dazu einsetzt, bildet der Prophet den Gegenpol zur Priesterschaft wie das Vorübergehende und Unregelmäßige (Diskontinuierliche) zum Dauerhaften und Regelmäßigen (Kontinuierlichen), das Außergewöhnliche zum Gewöhnlichen, das Außeralltägliche zum Alltäglichen.[22] Man kann daher den »Die Erlösungswege und ihr Einfluß auf die Lebensführung« betitelten § 10 des Kapitels V Religionssoziologie in *Wirtschaft und Gesellschaft* als eine Untersuchung der verschiedenen Formen der spezifisch religiösen Machtausübung lesen.[23] Das charismatische Handeln des Propheten erreicht seine Wirkung grundsätzlich mittels der prophetischen, außeralltäglichen und diskontinuierlichen Rede, während das priesterliche Handeln einer »religiösen Methode rationalen Typs« folgt, deren wichtigstes Charakteristikum darin besteht, daß sie kontinuierlich und alltäglich erfolgt. Dementsprechend bildet das Gefolge des Propheten einen Gegenpol zum Verwaltungsapparat bürokratischen Typs, etwa der Kirche als Körperschaft speziell ausgebildeter Kultusbeamter. Nach

22 Vgl. S. 141 f.
23 S. 321–348.

charismatischen Kriterien ausgewählt, sind den »Schülern« »Karriere«, »Avancement«, »Ernennungen«, sowie »Unterscheidungen«, Hierarchien und Kompetenzabgrenzungen vollkommen fremd.

Die Prophetie kann ihrem Anspruch (den sie notwendigerweise in sich birgt), dauerhaft und grundlegend auf die Lebensführung und die Weltsicht der Laien Einfluß zu nehmen, nur dann vollkommen nachkommen, wenn es ihr gelingt, eine »Gemeinde« zu gründen, die selbst wieder in einer Institution Dauer zu erlangen vermag, welche ein auf die dauerhafte und kontinuierliche Durchsetzung und Einprägung der Lehre gerichtetes Handeln gewährleisten kann (dies ist nämlich die Beziehung zwischen der ursprünglichen Prophetie und der Priesterschaft). Die Prophetie als solche, also als Botschaft des Bruchs mit der Routine und des Aufbegehrens gegen die gewohnte Ordnung, muß notwendigerweise sterben, damit sie überhaupt im Lehrkorpus der Priesterschaft überleben kann, wo sie zum täglichen Kleingeld des ursprünglichen Kapitals des Charisma wird.[24]

Die materielle und symbolische Kraft, die die unterschiedlichen Instanzen (Akteure oder Institutionen) in ihrem Kampf um das Monopol auf die legitime Ausübung der religiösen Macht mobilisieren können, variiert je nach Zustand des Feldes in Abhängigkeit von ihrer *Position innerhalb der objektiven Struktur der spezifisch religiösen Autoritätsbeziehungen*, also in Abhängigkeit von der Autorität und Macht, die sie vorher in diesem Kampf haben erringen können.

Religiöse Legitimität zu einem gegebenen Zeitpunkt ist nichts anderes als der Zustand der spezifisch religiösen Kräfteverhältnisse zu eben diesem Zeitpunkt, und damit das Resultat von vorangegangenen Kämpfen um das Monopol der legitimen Ausübung religiöser Gewalt. Der *Typ religiöser Legitimität*, auf den sich eine religiöse Instanz berufen kann, ist in dem Maße von ihrer je nach Zustand der religiösen Kräfteverhältnisse eingenommenen Position abhängig, als diese Position die Art und

24 S. 275–279.

die Stärke der materiellen und symbolischen Waffen (wie das prophetische Anathema oder die priesterliche Exkommunikation) bestimmt, die unterschiedliche, in Konkurrenz um das Monopol der legitimen Ausübung der religiösen Gewalt stehende Akteure innerhalb der religiösen Kräfteverhältnisse zum Einsatz bringen können. Während die Autorität des *Propheten*, eines *auctor*, dessen *auctoritas* ständig zu erringen oder wiederzuerringen ist, von dem Verhältnis abhängt, das zu jedem Augenblick zwischen dem Angebot an religiösen Dienstleistungen und der religiösen Nachfrage seitens des Publikums besteht, verfügt der *Priester* über eine *Amtsautorität*, die ihn der Bürde enthebt, seine Autorität ständig erringen und bekräftigen zu müssen, und ihn vor den Konsequenzen des Versagens bei seinem religiösen Handeln in Schutz nimmt: »Im Gegensatz zum Propheten spendet der Priester Heilsgüter kraft seines Amtes. Freilich kann das Priesteramt an ein persönliches Charisma geknüpft sein. Aber auch dann bleibt der Priester als Glied eines vergesellschafteten Heilsbetriebs durch sein Amt legitimiert [...].«[25] Es genügt, unter all den diesem Gegensatz entspringenden Charakteristika der Praxis und der Vorstellungen der religiösen Akteure die extrem unterschiedlichen Wirkungen aufzuführen, die das Scheitern einer religiösen Verrichtung (im weitesten Sinne) je nach Position des betreffenden Akteurs in den religiösen Kräfteverhältnissen haben kann: »Erfolglosigkeit büßt der Zauberer eventuell mit dem Tode. Eine Priesterschaft ist ihm gegenüber dadurch im Vorteil, daß sie die Verantwortung der Mißerfolge von sich persönlich auf den Gott abschieben kann. Aber mit dem Prestige des Gottes sinkt auch das ihrige. Es sei denn, daß sie Mittel findet, diese Mißerfolge überzeugend so zu deuten, daß die Verantwortung dafür nicht mehr auf den Gott, sondern auf das Verhalten seiner Verehrer fällt. Und auch dies ermöglicht die Vorstellung vom ›Gottesdienst‹ gegenüber dem ›Gotteszwang‹«.[26]

25 S. 268f.
26 S. 261.

Die großen die übernatürlichen Mächte trennenden Gegensätze sowie die zwischen ihnen bestehenden Kräfteverhältnisse bringen in der spezifisch religiösen Logik die Gegensätze zwischen den unterschiedlichen Typen religiösen Handelns (die wiederum verschiedenen Positionen innerhalb der Struktur des religiösen Feldes entsprechen) sowie die Kräfteverhältnisse, die im religiösen Feld bestehen, zum Ausdruck. In dem Gegensatz zwischen Dämonen und Göttern spiegelt sich die Opposition zwischen der Zauberei als »magischem Zwang« und der Religion als »Gottesdienst« wider: »Man kann diejenigen Formen der Beziehung zu den übersinnlichen Gewalten, die sich als Bitte, Opfer, Verehrung äußern, als ›Religion‹ und ›Kultus‹ von der ›Zauberei‹ als dem magischen Zwange scheiden und dementsprechend als ›Götter‹ diejenigen Wesen bezeichnen, welche religiös verehrt und gebeten, als ›Dämonen‹ diejenigen, welche magisch gezwungen und gebannt werden.«[27]

Dementsprechend spiegelt die Geschichte der Götter die Wechselfälle der Geschichte ihrer Diener wider: »Die historische Entwicklung jener Scheidung ist sehr oft einfach so erfolgt, daß bei Unterdrückung eines Kultes durch eine weltliche oder priesterliche Gewalt zugunsten einer neuen Religion die alten Götter als ›Dämonen‹ fortexistieren.«[28] Eine weitere Illustration hierfür: Wo die Priester die Macht haben, die Verantwortung für Mißerfolge von sich persönlich auf den Gott abschieben zu können, ohne sich selbst zu entwerten, wobei die Verantwortung hierfür wiederum auf die Laien zurückfällt, kann es geschehen, daß »auch erneute und gesteigerte Verehrung nicht [hilft]: die Götter der Feinde bleiben die stärkeren«.[29]

27 S. 259
28 *Ebd.*
29 S. 261.

Die Konkurrenz um die Laien

Da die religiöse Macht das Produkt einer *Transaktion* zwischen den religiösen Akteuren und den Laien ist, innerhalb derer die für jede Kategorie von Akteuren und jede Kategorie von Laien spezifischen Interessensysteme ihre Befriedigung finden sollen, ergeben sich die gesamte Macht, die unterschiedliche religiöse Akteure über die Laien haben, und die gesamte Autorität, auf die sie innerhalb der zwischen ihnen bestehenden objektiven Konkurrenzbeziehungen zurückgreifen können, aus der Struktur der symbolischen Kräfteverhältnisse zwischen den religiösen Akteuren und den verschiedenen Laienkategorien, über die ihre Macht zur Ausübung kommt.[30] Die Macht des Propheten basiert auf der Stärke der Gruppe, die er zu mobilisieren vermag, insofern er die Eignung besitzt, die spezifisch religiösen Interessen der eine bestimmte Stellung innerhalb der Sozialstruktur einnehmenden Laien durch exemplarisches Verhalten und/oder einen mehr oder weniger systematischen Diskurs zu *symbolisieren.*

Abgesehen davon, daß er hin und wieder der naiven Vorstellung des Charismas als einer geheimnisvollen persönlichen Qualität oder einer natürlichen Gabe erliegt, (wonach die charismatische Autorität kraft »persönlicher Hingabe« an die Person des Meisters und an seine »persönliche Gnadengabe – Charisma«, seine magischen Eigenschaften, Offenbarungen, Heldentum, intellektuelle oder rhetorische Fähigkeiten besteht, bietet Max Weber auch in seinen gründlichsten und gewissen-

30 Diese Beschreibung der Beziehung zwischen Klerus und Laien als einer Transaktion scheint mir heute nicht mehr der Sache gerecht zu werden. Es scheint mir nun (1985) so, daß nur die Logik der Strukturhomologie zwischen den innerhalb des Feldes der »Professionellen« und den innerhalb des sozialen Feldes eingenommenen Positionen zur Erklärung des Umstandes geeignet ist, daß sich Angebot und Nachfrage treffen, was nichts oder nur sehr wenig mit einem mehr oder weniger zynischem Kalkül und mit einer Transaktion als bewußter Anpassung an die Nachfrage zu tun hat.

haftesten Schriften nie etwas anderes als eine psycho-soziologische Theorie des Charisma als *gelebter* Beziehung des Publikums zur charismatischen Persönlichkeit: »›Charisma‹ soll eine als außeralltäglich [...] *geltende* Qualität einer Persönlichkeit heißen, um derentwillen sie als mit übernatürlichen oder übermenschlichen oder mindestens spezifisch außeralltäglichen, nicht jedermann zugänglichen Kräften oder Eigenschaften begabt [...] *gewertet* wird.«[31] Charismatischer Legitimität liegt, wie man sieht, nichts anderes als der Akt der »Anerkennung« zugrunde. Um mit dieser Vorstellung zu brechen, muß die Beziehung zwischen dem Propheten und den Laienschülern als ein Sonderfall der nach Durkheim zwischen einer Gruppe und ihren religiösen Symbolen bestehenden Beziehung angesehen werden: Das Emblem ist nicht einfach ein Zeichen, welches das Gefühl zum Ausdruck bringt, das die Gruppe für sich selbst hat, sondern es »*konstituiert*« dieses Gefühl.

Wie das Emblem, so symbolisieren das Wort und die Person des Propheten die kollektiven Repräsentationen, zu deren Konstituierung sie durch die »schöpferische Kraft« der Symbolisierung beitragen. Da er die Vorstellungen, Gefühle und Wünsche, die schon vor ihm, allerdings in implizitem, halbbewußtem oder unbewußtem Zustand existierten, auf die sprachliche Ebene oder die des exemplarischen Verhaltens hebt, kurz, weil er in seinem Wort und seiner Person das Aufeinandertreffen eines Signifikanten und eines vorweg schon existierenden Signifikats verwirklicht (»Du würdest mich nicht suchen, wenn du mich nicht schon gefunden hättest«), vermag der Prophet, dieses isolierte Individuum ohne Vergangenheit und ohne einen anderen Bürgen als sich selbst (»Es steht geschrieben [...], ich aber sage euch [...]«), als organisatorische und mobilisierende Macht agieren.[32] Nur wenn man den Propheten in seiner Beziehung zu

31 S. 140; Hervorhebungen P.B.

32 Zum »Charisma der Rede« und seinen unterschiedlichen Wirkungen, je nach sozialem Kontext, insbesondere in der »Massendemokratie«, s. *WuG*, S. 861.

den Laien begreift (ein Verhältnis, das sich offensichtlich nicht losgelöst von demjenigen zu der vom Propheten attackierten Priesterschaft sehen läßt), wird das Problem der *ursprünglichen Akkumulation des Kapitals an symbolischer Macht* lösbar, welches Max Weber durch die (bei ihm paradox anmutende) Berufung auf die Natur löste.

Man kann überdies nur dann zu Recht die Frage nach dem Erfolg des Propheten mit der Frage nach der Kommunikation zwischen Prophet und Laien und der eigenen Wirkung prophetischer Explizitmachung in Zusammenhang bringen, wenn man geklärt hat, unter welchen ökonomischen und sozialen Bedingungen dieser besondere Kommunikationstypus zustande kommt und wirksam wird. Als kritischer Diskurs, der nur unter Berufung auf die charismatische Inspiration seinen Anspruch *rechtfertigen* kann, die Autorität der Instanzen zu bestreiten, die das Monopol über die legitime Ausübung der symbolischen Macht innehaben, kommt der prophetische Diskurs wahrscheinlicher in Zeiten offener oder verschleierter Krisen ganzer Gesellschaften oder einzelner Klassen auf, also in Perioden, in denen wirtschaftliche oder morphologische Wandlungen einen Zusammenbruch, eine Schwächung oder ein Obsoletwerden von Traditionen oder Wertsystemen herbeiführen, die bis dahin die Prinzipien der Weltsicht und Lebensführung lieferten. So beobachtet Marcel Mauss: »Hungersnöte, Kriege riefen Propheten und Häresien auf den Plan; gewaltsame Kontakte griffen sogar die Verteilung der Bevölkerung, die Natur der Bevölkerung an, (im Falle der Kolonisation etwa) ließ die Vermischung ganzer Gesellschaften notgedrungen gerade neue Ideen und neue Traditionen aufkommen [...]. Man darf diese kollektiven, organischen Ursachen nicht mit dem Handeln von Individuen verwechseln, die deren *Interpreten* eher als deren Herren sind. Es geht also nicht an, individuelle Erfindung in Gegensatz zur kollektiven Gewohnheit zu stellen. *Konstanz und Routine können das Ergebnis des Handelns von Individuen sein, Neuerung und Revolution können das Werk von Gruppen*, Untergruppen, Sekten oder Gruppen sein, die durch und für Gruppen handeln.«[33] Und um endlich mit der Vorstellung zu brechen, wonach das Charisma eine der Natur eines einzelnen Individuums zugehörige Eigenschaft darstellt, müßte man noch für jeden Einzelfall die soziologisch relevanten Charakteristika der Einzelbiographien bestimmen, die bewirken, daß ein bestimmtes Individuum sich *gesellschaftlich* als dazu prädestiniert empfindet, mit einzigartigem Nachdruck und besonderer innerer Stimmigkeit die schon im impliziten Zustand bei allen Mitgliedern der Klasse oder der Gruppe seiner Adressaten vorhandenen ethischen oder politischen Stimmungen zu empfinden und zum Ausdruck zu bringen.

Da der prophetische Diskurs in einer direkten und für eine direkte Transaktion mit den Laien hervorgebracht wird, ist die von ihm verwirklichte, mehr oder weniger ausgeprägte Systematisierung »nicht in erster Linie [von] logische[r] Konsequenz, sondern [von] *praktische[n] Wertungen*« beherrscht.[34] Wenn die Prophetie Praktiken und Vorstellungen, denen einzig eine Hervorbringung durch denselben (für eine Gruppe oder eine Klasse spezifischen) Habitus gemein ist, und die auf Grund dieses Umstands der Alltagserfahrung als zusammenhanglos und disparat erscheinen könnten, dadurch legitimiert, daß sie diese zu einem sinnhaften und sinnstiftenden System zusammenschmiedet, so liegt das daran, daß ihr selbst auch ein objektiv an den Habitus ihrer Adressaten angepaßter Habitus als generierendes und einigendes Prinzip zugrunde liegt. Die Mehrdeutigkeit, die, wie man häufig beobachtet hat, für prophetische Botschaften charakteristisch ist, findet sich in jedem um die Gewinnung von Anhängern bemühten Diskurs wieder, selbst dann, wenn er sich an ein spezifisches gesellschaftliches Publikum wendet. Die darin vorfindlichen Anspielungen und Auslassungen eignen sich bestens dazu, ein Einvernehmen im Mißverstehen oder Verstehen eines Hintersinns zu befördern, also uminterpretierende

33 Marcel Mauss, *Œuvres, III, Cohésion sociale et divisions de la sociologie*, Paris, Minuit 1969, S. 333–334. Hervorhebungen P. B.

34 S. 275.

Wahrnehmungen, welche in die Botschaft sämtliche Erwartungen der Rezipienten hineinlegen.

Der Ausgang des Kampfes zwischen der Priesterschaft und dem konkurrierenden Propheten (mit seinen Laienschülern) hängt nicht nur von dem spezifisch symbolischen Gewicht der prophetischen Botschaft (von der mobilisierenden und kritischen – »ent-alltäglichenden« – Wirkung der neuen Offenbarung) ab, sondern auch von der *Stärke* der von den beiden konkurrierenden Instanzen *mobilisierten Gruppen* innerhalb der Sphäre der außerreligiösen Kräfteverhältnisse. Wie Max Weber andeutet, stellt die Weise, wie sich die Spannungen zwischen dem Propheten und seinen Schülern einerseits und der Priesterschaft andererseits auswirken, eine »Machtfrage« dar,[35] wobei alle erdenklichen Lösungen möglich sind, angefangen bei der physischen Unterdrückung des Propheten über alle Formen von partiellen Zugeständnissen bis zur Einverleibung der Prophetie.

Die Systematisierung, der die Priester die ursprüngliche Botschaft unterziehen, ist das Ergebnis des Wirkens *externer Kräfte*, die je nach historischer Konjunktur ein ungleiches Gewicht besitzen und mit denen die Priesterschaft rechnen muß. Damit sind zum einen die Forderungen der Laien (und besonders des Laientraditionalismus und Laienintellektualismus) und die Konkurrenz durch den Propheten und den Zauberer gemeint, andererseits die an die Position des priesterlichen Korps innerhalb der Teilung der religiösen Arbeit und an die besondere Struktur der Kirche gebundenen *internen Tendenzen.* Als auf Dauer gestellte Anstalt, die mit mehr oder weniger Erfolg das *Monopol auf die Verwaltung der Heilsgüter* beansprucht (*extra ecclesiam nulla salus*), tritt die Kirche als eine Bürokratie von Beamten auf, die das »Monopol legitimen hierokratischen Zwangs«[36] beanspruchen und mit dem öffentlichen Kultus des Gottes, also mit Gebet und Opfer (im Gegensatz zum magischen Zwang) sowie Predigt und Seelsorge an festgelegten Or-

35 S. 279.
36 S. 279.

ten und zu bestimmten Zeiten betraut sind. Anders gesagt lautet Webers Argument in etwa, daß man von der Existenz einer Kirche sprechen kann, wenn »ein besonderer, nach Gehalt, Avancement, Berufspflichten, spezifischem (außerberuflichen) Lebenswandel reglementierter und von der ›Welt‹ ausgesonderter Berufspriesterstand entstanden ist, [...] wenn Dogma und Kultus rationalisiert, in heiligen Schriften niedergelegt, kommentiert und systematisch, nicht nur nach Art einer technischen Fertigkeit, Gegenstand des Unterrichts sind, [...] wenn dies alles sich innerhalb einer anstaltsartigen Gemeinschaft vollzieht.«[37] Den Ursprung dieser Institutionalisierung sieht er in dem Prozeß, in dessen Verlauf sich das Charisma von der Person des Propheten löst, um sich mit der Institution und genauer mit dem *Amt* zu verknüpfen: »[...] die Übertragung der charismatischen Heiligkeit auf diese Institution als solche [ist] jeder ›Kirchen‹-Bildung eigentümlich und ihr eigentlichstes Wesen.«[38] Demzufolge bildet die Kirche als »Trägerin und Verwalterin des Amtscharismas« (oder Anstaltscharismas) den Gegenpol zur Sekte, verstanden als »Gemeinschaft rein persönlich charismatisch qualifizierter Personen«.[39] Daraus folgt auch, daß das bürokratische Heilsunternehmen der bedingungsloseste Feind allen »persönlichen«, also prophetischen, mystischen, ekstatischen Charismas ist, welches einen originären Weg zu Gott zu verheißen beansprucht: »Der nicht beamtete, individuell charismatische Wundertäter wird als ›Ketzer‹ oder ›Zauberer‹ verdächtigt.«[40] Insofern sie das Produkt der zunehmenden

37 S. 692.

38 S. 693.

39 *Ebd.* »Die Sekte steht dagegen dem Amtscharisma ablehnend gegenüber.« Sie hält am Grundsatz der »Laienpredigt« und des »allgemeinen Priestertums« (»das in jeder konsequenten Kirche verpönt« ist), an der »unmittelbar demokratischen Verwaltung« durch die Gemeinschaft (die kirchlichen Beamten werden als »Diener« der Gemeinde angesehen) und schließlich an der »Gewissensfreiheit«, die eine Kirche mit universellem Anspruch nicht einräumen kann, fest. Vgl. S. 724f.

40 S. 693.

Bürokratisierung der religiösen Verwaltung, oder besser, der »Umbildung des Charismas in alltägliche Praxis«, der »Veralltäglichung« des Charismas darstellt, weist die Kirche sämtliche Eigenschaften veralltäglichter Institutionen auf, nämlich »hierarchisch geordnete Amtskompetenzen, Instanzenzug, Reglement, Sporteln, Pfründe, Disziplinarordnung, Rationalisierung der Lehre und der Amtstätigkeit als ›Beruf‹«.[41]

Priesterliche Praxis und ebenso die Botschaft, die sie aufzwingt und einprägt, verdanken stets den bedeutendsten Teil ihrer Eigenschaften den ständigen *Transaktionen* zwischen der Kirche und den Laien. Die Kirche ist *permanente* Gnadenspenderin (Sakramente) und verfügt über die Macht des mit der Möglichkeit zur Spendung oder Verweigerung von Heilisgütern einhergehenden Zwangs.[42] Sie sucht die Forderungen der Laien, von denen sie ihre (weltliche wie spirituelle) Macht erwartet, religiös zu lenken. In demselben Sinne schreibt Weber: »Je mehr eine Priesterschaft die Lebenspraxis auch der Laien dem göttlichen Willen entsprechend zu reglementieren und, vor allem, darauf ihre Macht und ihre Einkünfte zu stützen trachtet, desto weiter muß sie in der Gestaltung ihrer Lehre und ihres Handelns dem traditionellen Vorstellungskreise«[43], dem Lebensstil und der Weltsicht der Laienfraktion entgegenkommen, von der sie vorrangig ihre Einkünfte und Macht erwartet.

Max Weber sagt tatsächlich »[...] in der Gestaltung ihrer Lehre und ihres Handelns dem traditionellen Vorstellungskreise entgegenkommen«. Einige Zeilen später kommentiert er dies: »Je mehr die breite Masse alsdann Objekt der Beeinflussung und Stütze der Macht der Priester wird, desto mehr muß deren systematisierende Arbeit gerade die traditionellsten, also die magischen Formen religiöser Vorstellungen und Praktiken ergreifen.«[44] In der allgemeinen Form, die ich ihr hier gegeben

41 S. 694.
42 S. 29 (hierokratischer Zwang); S. 338 (Anstaltsgnade).
43 S. 284.
44 *Ebd.*

habe, definiert diese Behauptung die besondere Form der Beziehung, die zwischen dem priesterlichen Handeln und seinem wie auch immer gearteten »Zielpublikum«, bürgerlich oder nicht-bürgerlich, ländlich oder städtisch, besteht.

Je näher die Priesterschaft in einer Klassengesellschaft daran ist, das *de facto Monopol* der Verwaltung der Heilsgüter zu halten, um so divergierender, ja sogar widersprüchlicher sind die religiösen Interessen, auf die ihre homiletische und seelsorgerische Aktivität antworten muß, und um so mehr neigen diese Aktivität und die mit ihrer Ausübung betrauten Akteure dazu, sich zu unterscheiden (vom Hofgeistlichen zum Landpfarrer, vom mystischen Fideismus zum magischen Ritualismus). Zur gleichen Zeit entsteht auch eine sozial undifferenzierte Botschaft, die ihre Charakteristika und besonders ihre Mehrdeutigkeit dem Umstand verdankt, daß sie das Produkt der Suche nach dem größten gemeinsamen religiösen Nenner zwischen den unterschiedlichen Kategorien von Rezipienten darstellt. Die Mehrdeutigkeit der ursprünglichen Prophetie macht diese für die von ihren aufeinanderfolgenden Nutzern bewußt oder unbewußt vorgenommenen Uminterpretationen geeignet, wenn sie die ursprüngliche Botschaft »durch die Brille ihrer jeweiligen Gesamtstimmung« lesen, wie Max Weber über Luther sagte.[45] Professionelle Interpreten wie die Priester tragen zu einem Gutteil zu dieser permanenten Anpassungs- und Angleichungsarbeit bei, welche die Kommunikation zwischen religiöser Botschaft und den sich ständig erneuernden und von den ursprünglichen Adressaten in ihren religiösen Interessen und ihrer Weltsicht grundverschiedenen Rezipienten herzustellen ermöglicht.

Um die prophetischen Angriffe oder die intellektualistische Kritik der Laien parieren zu können, »tritt an die Priesterschaft die Aufgabe heran, die siegreiche neue Lehre oder die [...] alte

45 »Die protestantische Ethik und der Geist des Kapitalismus«, in: *Gesammelte Aufsätze zur Religionssoziologie I*, Tübingen, J.C.B. Mohr, 1988[9], S. 75.

Lehre systematisch festzulegen, abzugrenzen, was als heilig gilt oder nicht«, kurzum, sie muß sich mit gleichermaßen *einheitlichen*, *kohärenten* und *distinktiven* Instrumenten des symbolischen Kampfes wappnen, und dies auf der Ebene des Rituals wie auf dogmatischem Gebiet (Lehrkorpus). Die Notwendigkeiten der Verteidigung gegen die konkurrierenden Propheten und gegen den Laienintellektualismus tragen ihren Teil zur Hervorbringung »veralltäglichter« Instrumente religiöser Praxis bei, was beispielsweise der Umstand bezeugt, daß sich die Produktion kanonischer Schriften beschleunigt, wenn der Inhalt der Tradition bedroht ist.[46] Auch die Sorge um die Definition der Besonderheit der Gemeinde im Verhältnis zu konkurrierenden Lehren führt zur Betonung der *Unterscheidungszeichen und -lehren*, um gegen die Indifferenz anzukämpfen und um zugleich den Übertritt zur konkurrierenden Religion zu erschweren.[47]

Die Konkurrenz durch den Zauberer, einen unabhängigen Kleinunternehmer, der bei Gelegenheit von Privatleuten angemietet, seine Dienste außerhalb jeder allgemein anerkannten Institution, häufig auch heimlich erbringt, drängt die Priesterschaft zu einer »*Ritualisierung*« der religiösen Praxis sowie eine Vereinnahmung magischer Vorstellungen (etwa Heiligenkult oder Marabutismus).

Die »kasuistisch-rationale Systematisierung« und »Veralltäglichung«, der die Priesterschaft die ursprüngliche Prophetie unterzieht – eine beinahe völlige Systematisierung »aus letzten einheitlichen Wertpositionen heraus«[48] – bildet eine Antwort auf konvergierende Erfordernisse: Sie umfassen zum einen die typisch bürokratische Verfolgung der *Ökonomie des Charismas*, die dazu führt, die Ausübung der priesterlichen Tätigkeiten, also der Predigt und der Seelsorge, einer notwendigerweise »veralltäglichten«, weil routinisierten und repetitiven Aktivität,

46 S. 280.
47 S. 281.
48 S. 280.

auf *austauschbare* Kultusbeamte zu übertragen, die mit in einer besonderen Ausbildung erworbenen einheitlichen beruflichen Qualifikationen und Instrumenten versehen sind, welche ihrerseits ein einheitliches und vereinheitlichendes Handeln gewährleisten können (Erzeugung eines religiösen Habitus); zum andern die Suche nach einer Anpassung an die Interessen der Laien, auf die der Priester in der priesterlichen Praxis par excellence, der Seelsorge, »dem eigentlichen Machtmittel des Priesters«[49] direkt stößt; schließlich der Kampf gegen die Konkurrenten.

Die »kasuistisch-rationale Systematisierung« und die »Veralltäglichung« sind Grundbedingungen für das Funktionieren einer Bürokratie zur Verwaltung von Heilsgütern, indem sie *beliebigen* (d.h. austauschbaren) Akteuren die kontinuierliche Ausübung der priesterlichen Tätigkeit durch die Bereitstellung der hierfür erforderlichen praktischen Werkzeuge, nämlich kanonische Schriften, Breviere, Gebetbücher, Katechismen usw., gestatten. Diese sind für die Erfüllung ihres Amtes zu möglichst geringen Kosten an Charisma (für sie selbst) und zu möglichst geringem Risiko (für die Institution) unerläßlich, vor allem, wenn sie »zur Stellungnahme zu den zahllosen konkreten Problemen [gezwungen werden], welche in der Offenbarung selbst nicht entschieden sind«.[50] Das Brevier und das Gebetbuch fungieren dabei ebenso als Gedächtnisstütze wie als Zwangsjacke, durch die eine Ökonomie der Improvisation zugleich gewährleistet und unterbunden wird.

49 S. 283. Max Weber beobachtet, daß die Bedeutung der Predigt (im Gegensatz zur Seelsorge) in umgekehrtem Verhältnis zur Aufnahme magischer Elemente in die Praxis und die Vorstellungen variiert (wie etwa das Beispiel des Protestantismus bezeugt).

50 S. 284.

Genese und Struktur des religiösen Feldes

»Der Mensch«, schrieb Wilhelm von Humboldt, »lebt mit den Gegenständen hauptsächlich, ja, da Empfinden und Handeln in ihm von seinen Vorstellungen abhängen, sogar ausschließlich so, wie die Sprache sie ihm zuführt. Durch denselben Akt, vermöge dessen er die Sprache aus sich herausspinnt, spinnt er sich in dieselbe ein, und jede zieht um das Volk, welchem sie zugehört, einen Kreis, aus dem es nur insofern hinauszugehen möglich ist, als man zugleich in den Kreis einer anderen hinübertritt.«[1] Diese Theorie der Sprache als einer kognitiven Struktur, wie sie Cassirer auf alle »symbolischen Formen« ausgeweitet hat, insbesondere auf die Symbole des Ritus und des Mythos, also auf die Religion im Sinne einer Sprache, läßt sich ebenso auch auf Theorien, und speziell auf Theorien der Religion als Instrumente der Konstruktion wissenschaftlicher Tatsachen anwenden. Offenbar gehört nämlich der Ausschluß der Fragen und Grundsätze, die alternative Konstruktionen religiöser Tatsachen möglich machen, zu den impliziten Möglichkeitsbedingungen jeder der großen Religionstheorien (welche sich, wie wir noch sehen werden, alle unter Bezugnahme der drei von Marx, Weber und Durkheim symbolisierten Positionen einordnen lassen). Will man dem einen oder anderen dieser Bannkreise entgehen, ohne gleich in den nächsten zu fallen oder ewig zwischen ihnen hin- und her zu springen, will man sich, mit einem Wort, die Möglichkeit verschaffen, den jeweiligen Ertrag der verschiedenen sich gegenseitig ausschließenden Teiltheorien in ein kohärentes System zu integrieren, ohne das alles einer schulmeisterlichen Lehrsammlung oder einem eklektischen

1 Wilhelm von Humboldt, *Einleitung zum Kawi-Werk*, VI, 60, zitiert in: Ernst Cassirer, *Sprache und Mythos. Studien der Bibliothek Warburg*, Leipzig, VI, 1925, wiederabgedruckt in: *Wesen und Wirkung des Symbolbegriffs*, Darmstadt, Wissenschaftliche Buchgesellschaft, 1965, S. 80.

Mischmasch zu opfern, so muß man einen Vorteil aus der Vielzahl der Perspektiven zu ziehen versuchen, nicht etwa um sie zu relativieren, sondern um zu erfassen, was von einer jeden von ihnen aus erfaßt werden kann und was nicht.

Die erste Tradition behandelt die Religion als eine Sprache, also zugleich als Kommunikations- und Erkenntniswerkzeug oder genauer, als ein gleichermaßen strukturiertes (und damit der strukturalen Analyse zugängliches) wie strukturierendes symbolisches Medium, als eine Möglichkeitsbedingung für die grundlegende Form des Konsenses, der im Einverständnis über den Sinn der Zeichen und den Sinn der Welt besteht, den diese Zeichen zu konstruieren erlauben. Sie beruht auf der objektiven oder bewußten Absicht, eine wissenschaftliche Antwort auf das Kantische Erkenntnisproblem in seiner allgemeinsten Form zu geben, eben jene, die auch Cassirer bei seinem Versuch gibt, die von Sprache, Mythos (oder Religion), Kunst und Wissenschaft für die Konstruktion der verschiedenen Objektivitätsbereiche erfüllte Funktion zu ermitteln.[2]

Diese theoretische Absicht findet sich ganz explizit bei Durkheim, der dadurch, daß er die Religionssoziologie als einen Bereich der Soziologie der Erkenntnis auffaßte, den Gegensatz zwischen Apriorismus und Empirismus überwinden

---

2 Ernst Cassirer, *Philosophie der symbolischen Formen*, 3 Bde., Darmstadt, Wissenschaftliche Buchgesellschaft, 1964; »Structuralism in Modern Linguistics«, in: *Word*, I (= *Journal of the Linguistic Circle of New York*), 1945, S. 99–120, (dt. Strukturalismus in der modernen Linguistik, in: E. Cassirer, *Geist und Leben*, Leipzig, Reclam, 1993, S. 317–348). Cassirer, der 1922 einen Aufsatz mit dem Titel »Die Begriffsform im mythischen Denken« (abgedruckt in: *Wesen und Wirkung des Symbolbegriffes*, Darmstadt, Wissenschaftliche Buchgesellschaft, 1977, S. 1–70) geschrieben hatte, nahm seinerseits die Grundthesen der Durkheim-Schule auf (»Der soziale Grundcharakter des Mythos ist unbestritten.« – in: *Versuch über den Menschen. Einführung in die Philosophie der Kultur*, Frankfurt, S. Fischer, 1990, S. 128.) und verwendete sogar das Konzept der »Form der Klassifikation« als Äquivalent für seinen Begriff der »symbolischen Form« (*Der Mythus des Staates*, Zürich/München, Artemis, 1978², S. 24, Fn. 1).

und in einer »soziologischen Erkenntnistheorie«[3], die nichts anderes ist als eine *Soziologie der symbolischen Formen*, die »positive« und »empirische« Begründung für den Kantischen Apriorismus finden konnte.[4]

Es geschieht nicht selten, daß die eigentlich schon mehrmals eingeräumte Schuld des ethnologischen Strukturalismus gegenüber dem Durkheimismus unbemerkt übergangen wird und sogar die scharfsinnigsten Philosophen in Erstaunen geraten, wenn sie das Überleben einer kantianischen Problematik in Arbeiten finden, die, wie etwa das der »Logik der totemistischen Klassifikationen« gewidmete Kapitel in *Das wilde Denken*[5], eine zweifelsohne elaboriertere Antwort auf das Durkheimsche und damit Kantische Problem der »primitiven Formen der Klassifikation« darstellen.[6] Wenn dem so ist, so hat der funda-

---

3 *Die elementaren Formen des religiösen Lebens*, Frankfurt, Suhrkamp, 1981, S. 40. Im weiteren Verlauf des Artikels als *Formen* zitiert.

4 »Eine derart erneuerte Erkenntnistheorie scheint dazu ausersehen zu sein, die Vorteile der beiden rivalisierenden Theorien zu vereinen, ohne deren Nachteile zu haben. Sie behält alle wesentlichen Prinzipien des Apriorismus, und zu gleicher Zeit läßt sie sich von dem Geist der Positivität anregen, den zu befriedigen der Empirismus sich bemüht hatte.« (*Formen*, S. 41).

5 Claude Lévi-Strauss, *Das wilde Denken*, Frankfurt, Suhrkamp 1968, S. 49–91; Emile Durkheim/Marcel Mauss, »Über einige primitive Formen der Klassifikation. Ein Beitrag zur Erforschung der kollektiven Vorstellungen«, in: Emile Durkheim, *Schriften zur Soziologie der Erkenntnis*, Frankfurt, Suhrkamp, 1990, S. 169–256.

6 »Ich bin Herrn Paul Ricoeur außerordentlich dankbar dafür, daß er die Verwandtschaft betont hat, die zwischen meinem Unterfangen und dem des Kantianismus existieren könnte. Es handelt sich letztendlich um eine Übertragung der Kantischen Forschung auf ethnologisches Gebiet, mit dem Unterschied freilich, daß man sich an Stelle einer Introspektion oder einer Reflexion über den Status der Wissenschaft in der besonderen Gesellschaft, in der sich der Philosoph befindet, an ihre Grenzen begibt: durch die Suche nach dem, was es zwischen der Menschheit, die uns ganz entfernt erscheint, und der Art und Weise, in der unser eigener Geist arbeitet, an Gemeinsamkeiten geben könnte; durch den Versuch also, die für jedweden Geist grundlegenden und zwingenden Eigen-

mentale Beitrag der Durkheim-Schule nicht nur durch die gemeinsame Zensur der spiritualistischen Schicklichkeit und des *bon ton intellectuel* so heftig verdrängt werden können, daß er in der distinguierten Diskussion nur noch unter dem etwas kleidsameren Deckmäntelchen der Saussurschen Linguistik erscheinen kann[7]; der entscheidende Beitrag des Strukturalismus besteht auch in der Bereitstellung der theoretischen und methodologischen Werkzeuge für die Umsetzung des Vorhabens, die immanente Logik des Mythos oder des Ritus aufzudecken: Obschon diese Absicht bereits in der *Philosophie der Mythologie* von Schelling, dem Verfechter einer »tautegorischen« – im Gegensatz zu einer »allegorischen« – Deutung des Mythos, zum Ausdruck kommt, wäre dieses Vorhaben für immer ein frommer Wunsch geblieben, hätte nicht das Interesse am Mythos als *strukturierte Struktur* über das Interesse für den Mythos als *strukturierende Struktur*, also als Prinzip der Strukturierung der Welt (oder als »symbolische Form«, »primitive Form der Klassifikation«, »Mentalität«) dank des Modells der strukturalen Linguistik die Oberhand gewonnen.

Wenn man zwar allen Grund dazu hat, die Frage nach den ökonomischen und sozialen Funktionen der einer Analyse unterzogenen mythischen, rituellen oder religiösen Systeme zumindest provisorisch insoweit auszublenden, als sie sich für die Anwendung der strukturalen Methode als hinderlich erweisen, weil sie ja nach einer »allegorischen« Interpretation verlangen, so erweist sich diese methodologische Entscheidung als um so unfruchtbarer und gefährlicher, je weiter man sich von den symbolischen Produktionen der am wenigsten differenzierten

---

schaften offenzulegen.« Claude Lévi-Strauss, »Réponses à quelques questions«, in: *Esprit*, 11, 1963, S. 628–653.

7 Zur Beziehung zwischen Durkheim und Saussure, den zwei ungleich anerkannten Gründervätern des Strukturalismus, vgl. Witold Doroszewski, »Quelques remarques sur les rapports de la sociologie et de la linguistique: Emile Durkheim et Ferdinand de Saussure«, in: *Journal de la Psychologie*, Jan.–Apr. 1933, wiederabgedruckt in: Ernst Cassirer et al., *Essais sur le langage*, Paris, Minuit, 1969, S. 99–109.

Gesellschaften oder den am wenigsten differenzierten symbolischen Produktionen (wie der Sprache, dem Produkt der anonymen und kollektiven Arbeit aufeinanderfolgender Generationen) der Klassengesellschaften entfernt.[8] Aufgrund der Tatsache, daß sie eine Methode auf das Universum der symbolischen Gegenstände ausgeweitet hat, die in der Phonologie und in der Analyse der Mythen ihre fruchtbarsten und zugleich gewissenhaftesten Anwendungen erfahren hat, behandelt die Semiologie alle Symbolsysteme unausgesprochen als simple Kommunikations- und Erkenntnisinstrumente, ein Postulat, das streng genommen nur für die phonologische Ebene der Sprache legitim ist. Sie läuft zudem Gefahr, jedem Gegenstand die Theorie der Funktion *logischer und moralischer Integration* der »kollektiven Repräsentationen« und insbesondere der religiösen »Formen der Klassifikation« überzustülpen.[9]

Da die mythischen Systeme das natürliche und soziale Universum nur organisieren können, indem sie darin antagonistische Klassen einteilen, weil sie also Sinn und Konsens über den Sinn nach der Logik von Einschließung und Ausschließung erzeugen, sind sie aufgrund ihrer Struktur geradezu prädispo-

---

8 Man hat also allen Grund dazu, a priori jeglichem Versuch mit Argwohn zu begegnen, der auf die Produkte der Kulturindustrie oder auf die Werke gelehrter Kunst Methoden anwendet, die nur in der mehr oder weniger mechanischen Übertragung der linguistischen Analyse bestehen. Solche Versuche ignorieren sowohl die Stellung der Produzenten im Feld der Produktion als auch die Funktionen, die diese symbolischen Objekte für die Produzenten und die verschiedenen Kategorien von Konsumenten erfüllen.

9 »Wenn sich also die Menschen zu allen Zeiten nicht über diese wesentlichen Ideen hätten einigen können, wenn sie nicht eine einheitliche Auffassung der Zeit, des Raumes, der Ursache, der Zahl usw. hätten, dann würde jede Übereinkunft unter den Geistern, und folglich jedes gemeinsame Leben unmöglich sein. Daher kann die Gesellschaft die Kategorien nicht der Willkür der Individuen überlassen, ohne sich selbst aufzugeben. Um leben zu können, braucht sie nicht nur einen genügenden moralischen Konformismus; es muß auch ein Minimum an *logischem Konformismus* vorhanden sein, den sie nicht entbehren kann.« (*Formen*, S. 38, Hervorhebung von Pierre Bourdieu).

niert, gleichzeitig Einschließungs- und Ausschließungsfunktionen, Assoziations- und Dissoziationsfunktionen und Integrations- und Distinktionsfunktionen zu übernehmen. Diese (im Durkheimschen oder »strukturfunktionalistischen« Wortsinn) »gesellschaftlichen Funktionen« verwandeln sich tendenziell immer mehr in politische Funktionen und zwar in dem Maße, als die logische Funktion des Ordnens der Welt, wie sie der Mythos auf gesellschaftlich undifferenzierte Weise erfüllte, indem er eine zugleich willkürliche und systematische *diacrisis* im Universum der Dinge vollzog, sich den gesellschaftlich differenzierten Funktionen der gesellschaftlichen Differenzierung und der Legitimation dieser Differenzen unterordnet; insoweit also die von der religiösen Ideologie vorgenommenen Teilungen sich schließlich mit den gesellschaftlichen Teilungen in konkurrierende oder antagonistische Gruppen oder Klassen decken.

Der Gedanke, wonach Symbolsysteme wie Religion, Kunst oder gar die Sprache von Macht oder Politik sprechen können, klingt für diejenigen, die aus der Soziologie der symbolischen Tatsachen eine Dimension der Soziologie der Erkenntnis machen, nicht weniger befremdlich als das Interesse an der Struktur dieser Systeme und an ihrer Syntax für diejenigen, die daraus eine Dimension der Soziologie der Macht machen. Wie sollte dem auch anders sein, kann doch jede dieser Theorien den Aspekt, den sie begreift, nur durch die Überschreitung des epistemologischen Hindernisses begreifen, das für sie auf der Ebene der Spontansoziologie das Äquivalent desjenigen Aspekts darstellt, den die jeweils komplementäre und entgegengesetzte Theorie konstruiert. Deshalb hat der Anschein von Verstehbarkeit, den alle »allegorischen« (oder externen) Interpretationen des Mythos – seien sie astronomischer, meteorologischer, psychologischer, psychoanalytischer oder gar soziologischer Art wie die Erklärung durch universelle, jedoch letztlich sinnlose Funktionen bei Malinowski oder selbst durch spezifiziertere soziale Funktionen – allzu billig anboten, gewiß mindestens ebenso sehr zur Verhinderung der »tautegorischen« oder strukturalen Interpretation beigetragen wie der Eindruck der Inkohärenz und der Absurdität, die sie dem Beobachter bieten, der nicht über ein Interpretationsraster verfügt – ein anfänglicher Eindruck, der die Neigung nur verstärken kann, in diesem offensichtlich willkürlichen Diskurs nichts als eine Manifestation der *Urdummheit* zu sehen, bestenfalls noch eine elementare Form philosophischer Spekulation, eine »Bauernwissenschaft« in den Worten Platons.

Zweifelsfrei, weil er nur um den Preis eines radikalen und damit übertriebenen Zweifels gegenüber jeglicher externen Lesart als erster die Beschränkung durch »zu sehr vereinfachende« Erklärungen hatte überschreiten können, kam Lévi-Strauss dazu, den Grundsatz einer Beziehung zwischen den Strukturen der Symbolsysteme und den Sozialstrukturen überhaupt zu verwerfen: »Die Psychoanalytiker und manche Ethnologen wollen an die Stelle der kosmologischen und naturalistischen Interpretationen neue, der Soziologie und der Psychologie entlehnte Interpretationen setzen. Doch werden dadurch die Dinge zu sehr vereinfacht. Daß ein mythologisches System einer bestimmten Person, etwa einer bösen Großmutter, einen wichtigen Platz einräumt, will man damit erklären, daß in dieser oder jener Gesellschaft die Großmütter ihren Enkeln gegenüber eine feindselige Haltung einnehmen; die Mythologie wird also als Reflex der Sozialstruktur und der sozialen Beziehungen betrachtet.«[10]

Es ist nun nicht weniger offensichtlich, daß Max Weber durch die Vorannahme, daß das »magisch oder religiös motivierte Handeln in seinem urwüchsigen Bestande diesseitig ausgerichtet« sei und vollzogen werde, um lange zu leben[11], sich

10 Claude Lévi-Strauss, *Strukturale Anthropologie*, Frankfurt, Suhrkamp, 1978, S. 227. Die bewundernswerten Texte, die Lévi-Strauss dem Problem der symbolischen Wirksamkeit widmet (*op. cit.*, Kap. IX und X, S. 183–225; sowie *Traurige Tropen*, Frankfurt, Suhrkamp, 1978, S. 293 f., »Schreibstunden«), stehen wie isoliert in dem Werk.

11 »Auf daß es dir wohl gehe und du lange lebest auf Erden«; in Anlehnung an den Wortlaut des Gebotes an diejenigen, die ihre Eltern ehren; Max Weber, *Wirtschaft und Gesellschaft*, 5. rev. Aufl.,

versagte, die religiöse Botschaft in der Art zu begreifen, wie sie Lévi-Strauss auffaßte, nämlich als Hervorbringung »geistiger Tätigkeiten« (im Gegensatz zu »affektiven« oder praktischen Tätigkeiten), und nach den spezifisch logischen und gnoseologischen Funktionen dessen zu fragen, was er als eine quasi systematische Gesamtheit von Antworten auf existentielle Fragen ansah.[12] Zugleich entging er aber der theoretizistischen Illusion, welche die stets von praktischen Zielen beherrschte Religion als das Produkt einer rein auf Erkenntnis aus seienden Absicht behandelt, dabei aber unterschlägt, daß die Religion ähnlich dem Recht ein Machtinstrument darstellt, das als Instrument der Erkenntnis wirkt.[13] Darüber hinaus gab er sich

Tübingen, Mohr, 1980, S. 245 (wird im weiteren Verlauf des Artikels als *WuG* zitiert).

12 Dieser Gegensatz zwischen interner Lesart, die den Akzent auf den kognitiven Aspekt und auf die interne Struktur von Symbolsystemen setzt, und externer Lesart, die diesen Aspekt zugunsten von biologischen, psychologischen oder soziologischen Bedürfnissen und Funktionen ignoriert, entsteht im Laufe der Geschichte der Religionswissenschaften (und ganz allgemein der Wissenschaften von den Symbolsystemen) immer wieder aufs Neue, gerade so als ob es die Logik des Bruchs, den die Unvereinbarkeit der beiden gegensätzlichen Positionen mit sich bringt, verbieten würde, die Symbolfunktion als solche, d.h. als Macht zu denken, die nur über ein als Struktur funktionierendes Symbolsystem zur Ausübung kommt, und dadurch, also vermittels ihrer internen Kohärenz (etwa jener des juristischen, theologischen oder philosophischen Diskurses), sich auf das Willkürliche rationalisierend und verschleiernd auswirkt, worin eine der wesentlichen Voraussetzungen ihrer spezifischen Wirksamkeit besteht.

13 Wie Raymond Firth zeigt, ist das Bewahren und Rezitieren einer Überlieferung integraler Bestandteil des politischen Lebens der Gemeinde. Man beruft sich auf die religiöse Legende wie in anderen Gesellschaften auf die Geschichte, je nach den momentanen Bedürfnissen. Die Abweichungen, die man häufig zwischen »autorisierten« und inoffiziellen Versionen feststellt, welche Priester und nichtspezialisierte Informanten von denselben Erzählungen geben, »sind eine Widerspiegelung der Sozialstruktur« mit ihren Gegensätzen und Konflikten. Mangelnde Übereinstimmungen hängen mit divergierenden weltlichen Interessen zusammen (etwa wenn es um den Vorrang bei der Bodennutzung geht), die um so

die Mittel an die Hand, den Inhalt des mythischen Diskurses (und sogar seine Syntax) an die religiösen Interessen ihrer Produzenten, Verbreiter und Rezipienten rückzubinden, und noch grundlegender, das System der religiösen Glaubensinhalte und Praktiken als mehr oder weniger verklärten Ausdruck der Strategien unterschiedlicher *Gruppen von Spezialisten* zu konstruieren, die in Konkurrenz um das Monopol auf die Verwaltung der Heilsgüter und um die Klientel der unterschiedlichen, an ihren Diensten interessierten Klassen stehen.

Genau damit liefert Max Weber, der an diesem Punkt mit Marx darin übereinstimmt, daß die Religion die Funktion der Wahrung sozialer Ordnung erfüllt, indem sie, in seinen Worten, zur »Legitimierung« der Macht der »Herrschenden« und zur »Domestizierung der Beherrschten« beiträgt, ein Mittel zur Vermeidung der vereinfachenden Alternative[14] zwischen der absoluten Autonomie des mythischen oder religiösen Diskurses und der reduktionistischen Theorie, die daraus die direkte Widerspiegelung der sozialen Strukturen macht. Dies bringt ganz klar ans Licht, was die beiden entgegengesetzten und doch komplementären Positionen vergessen, nämlich die religiöse Arbeit, welche mit institutioneller und nicht-institutioneller Macht ausgestattete Produzenten und spezialisierte Wortführer verrichten, um mittels eines bestimmten Typs von Praxis oder Diskurs auf eine besondere Kategorie von Bedürfnissen zu antworten, die bestimmten sozialen Gruppen eigen sind. Weber sieht in der historischen Genese eines Korps von spezialisierten Akteuren die Grundlage für die relative Autonomie, welche die marxistische Tradition der Religion zuspricht,

---

klarer zum Ausdruck kommen, wenn kein wirkliches Monopol auf die religiöse Produktion existiert (Raymond Firth, *History and Traditions of Tikopia*, Wellington, NZ, The Polynesian Society Memory, 33, 1961, S. 174–175).

14 En passant sei daran erinnert, daß die spekulativsten Untersuchungen Webers sich selbst diesem vermeintlichen Gegensatz verdanken.

ohne daraus allerdings alle Konsequenzen zu ziehen.[15] Dies führt zugleich mitten ins Produktionssystem der religiösen Ideologie, das heißt zum spezifischsten Prinzip der ideologischen Alchimie, über die sich die Verklärung der gesellschaftlichen Verhältnisse in übernatürliche, also in der Natur der Dinge verankerte und somit gerechtfertigte Verhältnisse vollzieht.

An diesem Punkt angelangt, muß man die Durkheimsche Frage nach den »gesellschaftlichen Funktionen« der Religion für den gesamten »Gesellschaftskörper« in der Form der marxistischen Fragestellung nach den politischen Funktionen, welche die Religion aufgrund der ihr eigenen symbolischen Wirksamkeit für die unterschiedlichen Klassen einer bestimmten Gesellschaftsform erfüllt, neu formulieren: Nimmt man sowohl die Durkheimsche Hypothese von der gesellschaftlichen Genese der Denk-, Wahrnehmungs-, Beurteilungs- und Hand-

15 So kann man offensichtlich auf das Korps der religiösen Spezialisten übertragen, was Engels in seinem Brief vom 27. Oktober 1890 an Conrad Schmidt über die Berufsjuristen schreibt: »Mit dem Jus ist es ähnlich: Sowie die neue Arbeitsteilung nötig wird, die Berufsjuristen schafft, ist wieder ein neues, selbständiges Gebiet eröffnet, was bei aller seiner Abhängigkeit von der Produktion und dem Handel doch auch eine besondre Reaktionsfähigkeit gegen diese Gebiete besitzt. Im modernen Staat muß das Recht nicht nur der allgemeinen ökonomischen Lage entsprechen, ihr Ausdruck sein, sondern auch ein in sich zusammenhängender Ausdruck sein, der sich nicht durch innere Widersprüche selbst ins Gesicht schlägt. Und um das fertigzubringen, geht die Treue der Abspiegelung der ökonomischen Verhältnisse mehr und mehr in die Brüche«. Und Engels beschreibt sogleich die aus der Illusion absoluter Autonomie herrührende Wirkung der Apriorisierung: »Der Jurist bildet sich ein, mit aprioristischen Sätzen zu operieren, während es doch nur ökonomische Reflexe sind«; als er dann auf die Philosophie zu sprechen kommt, vermerkt er eine der Konsequenzen der Professionalisierung, welche von Natur aus über einen zirkulären Effekt die Illusion absoluter Autonomie verstärken muß: »Aber als bestimmtes Gebiet der Arbeitsteilung hat die Philosophie jeder Epoche ein bestimmtes Gedankenmaterial zur Voraussetzung, das ihr von ihren Vorgängern überliefert worden und wovon sie ausgeht.« Karl Marx/Friedrich Engels, *Werke*, Bd. 37, Berlin, Dietz 1967, S. 488–495, hier S. 491.

lungsschemata als auch die Tatsache der gesellschaftlichen Teilung ernst, dann kommt man zwangsläufig zu der Hypothese, daß es eine Entsprechung zwischen den sozialen Strukturen (oder streng genommen den Machtstrukturen) und den mentalen Strukturen geben muß, eine Entsprechung, die sich mittels der Struktur der symbolischen Systeme, Sprache, Religion, Kunst etc., einstellt. Genauer gesagt trägt die Religion zur (verschleierten) Durchsetzung der Prinzipien der Strukturierung der Wahrnehmung und des Denkens der Welt, insbesondere der Sozialwelt in dem Maße bei, als sie ein System von Praktiken und Vorstellungen aufdrängt, dessen objektiv auf einem Prinzip der politischen Teilung beruhende Struktur als natürlich-übernatürliche Struktur des Kosmos daherkommt.

Das Fortschreiten der religiösen Arbeitsteilung

Die gesamten mit dem Aufkommen und der Entwicklung der Städte, insbesondere mit der fortschreitenden Arbeitsteilung und dem Auftreten der Trennung von geistiger und materieller Arbeit einhergehenden technologischen, ökonomischen und sozialen Umwälzungen sind zusammengenommen die Voraussetzung für zwei Prozesse, die nur in einem Verhältnis gegenseitiger Abhängigkeit und Verstärkung vonstatten gehen können, nämlich der Herausbildung eines relativ autonomen religiösen Feldes und der Entwicklung eines Bedürfnisses nach »Ethisierung« und »Systematisierung« der religiösen Glaubensinhalte und Praktiken. Aufkommen und Entwicklungsverlauf der großen Weltreligionen stehen in engem Zusammenhang mit Aufkommen und Entwicklung der Stadt. Der Gegensatz von Stadt und Land markiert einen grundlegenden Einschnitt in der Geschichte der Religion wie auch eine der bedeutendsten religiösen Unterteilungen in jeder Gesellschaft, die von einem solchen morphologischen Gegensatz betroffen ist. Nachdem er beobachtet hatte, daß »die größte Teilung der materiellen und geistigen Arbeit [...] die Trennung von Stadt und Land«[16] ist, schrieb Marx in *Die Deutsche Ideologie*: »Die Teilung der Arbeit wird erst wirklich Teilung von dem Augenblicke an, wo eine Teilung der materiellen und geistigen Arbeit eintritt. Von diesem Augenblicke an *kann* sich das Bewußtsein wirklich einbilden, etwas Andres als das Bewußtsein der bestehenden Praxis zu sein, *wirklich* etwas vorzustellen, ohne etwas Wirkliches vorzustellen – von diesem Augenblicke an ist das Bewußtsein imstande, sich von der Welt zu emanzipieren und zur Bildung der ›reinen‹ Theorie, Theologie, Philosophie, Moral etc. überzugehen.«[17] Es ist kaum nötig, an die für eine »Rationalisierung« der religiösen Praktiken und Glaubensinhalte hinderlichen Eigenschaften der bäuerlichen Lage zu erinnern, so etwa, neben anderen Merkmalen, das Verhaftetsein an die natürliche Welt, welche die »Naturidolatrie«[18] ermuntert, oder die zeitliche Struktur des agrarischen Arbeitens, die von den Jahreszeiten abhängige Tätigkeit, die sich ihrem Wesen nach dem Kalkül und der Rationalisierung widersetzt,[19] die räumliche Streuung der Landbevölkerung, welche wirtschaftliche und symbolische Austauschbeziehungen schwierig macht und damit auch die Bewußtmachung kollektiver Interessen.

Ob es nun um die Entwicklung des Handels und vor allem des Handwerks geht, also um berufliche Tätigkeiten, die relativ unabhängig von den Wechselfällen der Natur und gleichzeitig

16 »Die Deutsche Ideologie«, in: Karl Marx/Friedrich Engels, *Werke*, Bd. 3, Berlin, Dietz, 1983, S. 50.

17 *Ebd.*, S. 31.

18 Karl Marx, »Grundrisse der Kritik der politischen Ökonomie«, Heft IV, Ökonomische Manuskripte 1857/58, in: Karl Marx/ Friedrich Engels, *Gesamtausgabe* (MEGA), II, »Das Kapital« und Vorarbeiten, Bd. 1.2, Berlin, Dietz, 1981, S. 322.

19 Vgl. Max Weber, *WuG*, S. 285 und S. 703 (»Das Los des Bauern ist [...] stark naturgebunden, [...] sehr von organischen Prozessen und Naturereignissen abhängig und auch ökonomisch aus sich heraus [...] wenig auf rationale Systematisierung eingestellt [...]«); Karl Marx, *Das Kapital*, II, II. Abschnitt, 13. Kapitel, Berlin, Dietz, 1984, S. 222ff. (zeitliche Struktur der produktiven Tätigkeit und Unmöglichkeit, in die Zukunft zu blicken); *op. cit.*, III, V. Abschnitt, 36. Kapitel, S. 566 (Ungewißheit und Zufälligkeiten).

auch relativ rationalisiert oder rationalisierbar sind, oder um die Entwicklung des intellektuellen und geistigen Individualismus, der durch die Ansammlung von Individuen begünstigt wird, die aus den sie einhegenden Traditionen gerissenen werden, solche an die Urbanisierung gebundenen ökonomischen und sozialen Umwälzungen können hingegen für die »Rationalisierung« und »Ethisierung« religiöser Bedürfnisse nur förderlich sein. »Die ökonomische Existenz des Bürgertums ruht«, wie Weber beobachtet, »auf (gegenüber dem Saisoncharakter der Landarbeit) stetiger und – gegenüber deren Hingegebenheit an die ungewohnten und unbekannten Naturgewalten – rationaler (mindestens empirisch rationalisierter) Arbeit, welche den Zusammenhang von Zweck, Mittel, Erfolg oder Mißerfolg im wesentlichen übersehen und ›verständlich‹ erscheinen läßt.« Im selben Maße, wie die »unmittelbare[n] Beziehung zu der plastischen und vitalen Realität der Naturgewalten« verlorengeht, werden diese »aus ihrer Selbstverständlichkeit gerissen[en]« Gewalten »nun zum Problem« und »die rationalistische [...] Frage nach einem ›Sinn‹ des Daseins jenseits seiner selbst taucht auf«, während sich die religiöse Erfahrung verfeinert und die direkten Beziehungen mit dem Kunden in die Religiosität des Handwerkers sittliche Werte hineintragen.[20]

Das größte Verdienst Max Webers liegt aber darin, gezeigt zu haben, daß die Urbanisierung (mit den damit einhergehenden Wandlungserscheinungen) einzig in dem Maße, als sie die Entwicklung eines Korps von Spezialisten der Verwaltung von Heilsgütern begünstigt, auch zur »Rationalisierung« und »Ethisierung« der Religion beiträgt. »Die ›Verinnerlichungen‹ und Rationalisierungen des Religiösen, d.h. insbesondere die Hineinlegung ethischer Maßstäbe und Gebote, die Verklärung der Götter zu ethischen Mächten, welche das ›Gute‹ wollen und belohnen und das ›Böse‹ strafen, daher auch selbst sittlichen Forderungen gerecht werden müssen, die Herausbildung

20 *WuG*, S. 703.

vollends des Gefühls der ›Sünde‹ und der Sehnsucht nach ›Erlösung‹, sind daher regelmäßig erst mit einer gewissen Entwicklung gewerblicher Arbeit, meist direkt mit derjenigen der Städte, parallel gegangen. Nicht im Sinne einer irgendwie eindeutigen Abhängigkeit: die Rationalisierung des Religiösen hat durchaus ihre Eigengesetzlichkeit, auf welche ökonomische Bedingungen nur als ›Entwicklungswege‹ wirken, und sie ist vor allem an die Entfaltung einer spezifisch priesterlichen Bildung geknüpft.«[21]

Wenn die Jahve-Religion in einem Palästina, das trotz seiner bedeutenden kulturellen Zentren niemals eine Ägypten und Mesopotamien vergleichbare städtische und gewerbliche Entwicklung durchlaufen hat, einer »rational-moralistischen« Evolution unterlag, so hängt das damit zusammen, daß das alte Palästina im Unterschied zur mediterranen *polis*, die aufgrund des homerischen Einflusses und vor allem aufgrund des Fehlens eines hierokratisch organisierten und speziell für seine Funktion ausgebildeten Priestertums nie eine rationalisierte Religion hervorgebracht hatte, über einen städtischen Klerus verfügte. Wenn aber des weiteren der Jahvekult über synkretistische Tendenzen die Oberhand gewinnen konnte, so lag das daran, daß die Verbindung der Interessen der Stadtpriesterschaft mit den neuartigen religiösen Interessen, welche die Urbanisierung bei den Laien erweckt hatte, die beiden Hindernisse überwinden konnte, die sich häufig der Fortentwicklung zum Monotheismus in den Weg stellten; zum einen nämlich die »mächtigen ideellen und materiellen Interessen der an Kulten und Kultstätten der Einzelgötter interessierten Priesterschaften«, die dem Prozeß der »Konzentration«, der die kleinen Heilsunternehmen verschwinden ließ, gegenüber feindlich eingestellt waren, die »religiösen Interessen der Laien an einem greifbaren, [...] der magischen Beeinflussung zugänglichen religiösen Objekt andererseits«.[22] Als die politische Lage sich allmählich zu-

21 *Ebd.*, S. 703 f.
22 *Ebd.*, S. 257.

spitzte, empfanden diejenigen Juden, die eine Besserung ihres Schicksals in der Zukunft nur von ihrer Konformität mit den göttlichen Geboten erwarten konnten, die unterschiedlichen traditionellen Kultformen, vor allem die Orakel mit zweideutigen und rätselförmigen Antworten, als immer weniger befriedigend. Sie fühlten ein Bedürfnis nach rationaleren Methoden zur Erkenntnis des göttlichen Willens und nach Priestern, die zu deren Ausübung befähigt waren. In diesem Fall fand der Konflikt zwischen der kollektiven Nachfrage – die tatsächlich mit dem objektiven Interesse der Leviten zusammenfiel, da sie darauf abzielte, alle konkurrierenden Kulte auszuschließen – und den besonderen Interessen der Priester der zahlreichen privaten Heiligtümer in der zentralisierten und hierarchisierten Organisation der Priesterschaft eine Lösung, welche die Rechte aller Priester bewahren konnte, ohne der Errichtung eines Monopols auf den Jahvekult in Jerusalem zu widersprechen.

Der Prozeß, der zur Errichtung von speziell zur Produktion, Reproduktion oder Verbreitung religiöser Güter entwickelten Instanzen führt, ebenso die (im Verhältnis zu den ökonomischen Bedingungen relativ autonome) Entwicklung des Systems dieser Instanzen hin zu einer differenzierteren und komplexeren Struktur, das heißt zu einem relativ autonomen religiösen Feld, gehen mit einem Prozeß der Systematisierung und Ethisierung der religiösen Praktiken und Vorstellungen einher. Dieser führt vom Mythos als einem objektiv systematischen (quasi) System zur religiösen Ideologie als ausdrücklich systematisiertem (quasi) System und findet eine Parallele in jenem Prozeß, der vom Tabu und der magischen Verunreinigung zur Sünde oder vom *mana*, vom »Numinösen« und vom strafenden, willkürlichen und unberechenbaren Gott zum gerechten und guten Gott, dem Garanten und Wahrer der natürlichen und gesellschaftlichen Ordnung geht. Als eine äußerste Seltenheit in primitiven Gesellschaften ist die Entwicklung eines echten Monotheismus, Paul Radin zufolge, an das Aufkommen einer straff organisierten Priesterschaft gebunden. Demnach trifft man den in Gesellschaften, deren Ökonomie auf Sammeln, Fischen und/oder Jagd beruht, völlig unbekannten Monotheismus nur in den herrschenden Klassen derjenigen Gesellschaften an, die auf einem schon entwickelten Ackerbau und auf einer Teilung in Klassen beruhen (bestimmte Gesellschaften Westafrikas, die Polynesier, die Dakota- und Winnebago-Indianer) und in denen das Fortschreiten der Arbeitsteilung mit einer entsprechenden Teilung der religiösen Arbeit einhergeht.[23] Diesen Prozeß der Systematisierung und Ethisierung als direkte und unmittelbare Wirkung ökonomischer und sozialer Transformationen begreifen zu wollen, hieße zu ignorieren, daß die spezifische Wirkung dieser Umwälzungen sich darauf beschränkt, über die Beseitigung der sich als negativ auf die Entwicklung von Mythen auswirkenden wirtschaftlichen Lage, die fortschreitende Ausbildung eines relativ autonomen religiösen Feldes zu ermöglichen und damit auch (trotz der Konkurrenz, die sie einander entgegensetzt) das konvergente Wirken der Priesterschaft (mit den ihr eigenen materiellen und symbolischen Interessen) und der »außer-sacerdotalen Kräfte«, also vor allem der religiösen Erwartungen bestimmter Laienkategorien und der metaphysischen oder ethischen Offenbarungen des Propheten.

So wird der Prozeß der Ethisierung von Begriffen wie *ate*, *time*, *aidos*, *phtonos* etc., der sich grundsätzlich durch »die Verlagerung des Begriffes Reinheit von der magischen Ebene auf die sittliche Ebene«, also durch die Umwandlung der Verfehlung als einer Verunreinigung (*miasma*) in eine »Sünde«, kennzeichnet, nur dann vollkommen verständlich, wenn man über die begleitenden Transformationen der ökonomischen und sozialen Strukturen hinaus, auch die Transformationen der Struktur der Beziehungen symbolischer Produktion mitberücksichtigt, die zur Konstitution eines regelrechten intellektuellen Feldes im Athen des fünften Jahrhunderts führten. Robert Redfield zeigt ebenso, wie das mit der Urbanisierung einhergehen-

---

23 Paul Radin, *Primitive Religion, its Nature and Origin*, New York, Dover Publications, 1957 (Erstausgabe 1937).

de Aufkommen von Spezialisten (Schriftsteller, Rechner, Denker), die das Deutungsmonopol für sich beanspruchen, am Ausgang eines Wandels des Systems der religiösen Vorstellungen der Maya steht, der in die »Trennung der Weltansichten der Gebildeten und der Bauern« mündet.[24]

Der Priesterschaft ist ein Interesse an der Rationalisierung der Religion gemein: Ihre Legitimität entspringt einer zum Dogma erhobenen Theologie, dessen Geltung und Fortbestand sie wiederum garantiert. Die exegetische Arbeit, die ihr durch das Aufeinandertreffen oder die Konfrontation unterschiedlicher, nun im selben städtischen Raum nebeneinander existierender, mythisch-ritueller Überlieferungen oder durch die Notwendigkeit aufgetragen ist, unverständlich gewordenen Riten und Mythen einen an die ethischen Normen und an die Weltansicht der Rezipienten ihrer Predigten wie auch an ihre eigenen Werte und Interessen als gebildete Gruppe besser angepaßten Sinn zu verleihen, bringt es mit sich, daß an die Stelle der objektiven Systemhaftigkeit der Mythologien die beabsichtigte Kohärenz von Theologien, ja gar von Philosophien tritt, wodurch sie die Umwandlung der synkretistischen Analogie vorbereitet, welche die Basis für das magisch-mythisch Denken abgibt, in eine rationale und ihrer Prinzipien bewußte Analogie oder gar in einen Syllogismus.[25] Die Autonomie des religiösen Feldes zeigt sich in der Neigung der Spezialisten, sich in einer schon autark zu nennenden Bezugnahme auf das schon akkumulierte religiöse Wissen und im Esoterismus einer quasi-kumulativen, vor allen Dingen für die Produzenten selbst be-

---

24 Vgl. Arthur W.H. Adkins, *Merit and Responsability, A Study in Greek Values*, Oxford, Clarendon Press, 1960, (v.a. das Kapitel V) und vor allem Eric R. Dodds, *The Greeks and the Irrational*, Boston, Beacon Press, 1957 (Erstausgabe 1951; dt. Übers. *Die Griechen und das Irrationale*, Darmstadt, Wissenschaftliche Buchgesellschaft, 1970); Robert Redfield, *The Primitive World and its Transformations*, Cornell, Cornell University Press, 1953, S. 63–83.

25 *WuG*, S. 249f.

stimmten Produktion einzuschließen:[26] So erklärt sich die typisch priesterliche Vorliebe für die verklärende Nachahmung und die verwirrende Ungenauigkeit, die bewußte Polyonomie und die gesuchte Zweideutigkeit, das Doppelsinnige oder die methodische Unklarheit und der systematische Gebrauch von Metaphern, kurz all diese Wortspiele, die man in sämtlichen gelehrten Traditionen antrifft und deren Ursprung man in der Kunst finden kann, anderes in denselben Worten zu denken oder dieselben Dinge anders zu denken.[27]

Die Konstituierung eines religiösen Feldes ist das Ergebnis der Monopolisierung der Verwaltung von Heilsgütern durch ein *Korps von religiösen Spezialisten*, die als die ausschließlichen Inhaber der zur Produktion oder Reproduktion eines *organisierten Korpus* von geheimem, also seltenem Wissen notwendigen spezifischen Kompetenz gesellschaftliche Anerkennung genießen. Insofern geht sie Hand in Hand mit der objek-

---

26 So ausgeprägt auch die Spaltung zwischen den Spezialisten und den Profanen sein kann, das religiöse Feld unterscheidet sich vom eigentlichen intellektuellen Feld insoweit, als es sich niemals völlig und ausschließlich einer esoterischen, also nur für die Produzenten bestimmten Produktion verschreiben kann, und stets den Ansprüchen der Laien Opfer bringen muß.

27 Man muß das gesamte Kapitel mit dem Titel »La transposition« lesen (Jean Bollack, *Empédocle, I, Introduction à l'ancienne physique*, Paris, Minuit, 1965, S. 277–310), in dem Jean Bollack die Interpretations- und Reinterpretationsprinzipien aufdeckt, denen Empedokles die homerischen Texte unterzieht, und durch die sich zweifellos das Verhältnis charakterisieren läßt, das jede schriftliche Überlieferung mit ihrem Erbe unterhält: »In der Variation manifestierte sich am besten und am deutlichsten die Macht, die man über seine Sprache besaß« (S. 284). »Vom Spiel mit den Buchstaben bis zur komplexen Neuanordnung ganzer Gruppen, die verbale Schöpfung stützt sich zuvorderst auf die Elemente der Erinnerung [...]. Die Variation ist um so gelehrter, je kleiner sie ist und den nachgeahmten Text noch durchscheinen läßt« (S. 285). Man könnte zur Frage nach der Funktion der »heiligen Etymologie«, des »Wortspiels« und zur Suche nach einer »polyphonen« Ausdrucksweise bei den ägyptischen Schreibern auch die Arbeit Serge Saunerons, *Les prêtres de l'ancienne Egypte* (Paris, Seuil, 1957, S. 123–133) heranziehen.

tiven Enteignung derer, die davon ausgeschlossen sind und die solchermaßen als *Laien* bzw. *Profane* ihres *religiösen Kapitals* (als akkumulierter symbolischer Arbeit) beraubt sind und die Legitimität dieser Enteignung einzig aufgrund der Tatsache anerkennen, daß sie sie als solche verkennen. Mit objektiver Enteignung ist nichts anderes gemeint als die objektive Beziehung, welche diejenigen Akteure oder Gruppen, die eine niedrigere Position in der Verteilungsstruktur der religiösen Güter einnehmen, mit dieser neuartigen Form von aus der Trennung von materieller und symbolischer Arbeit und dem Fortschreiten der religiösen Arbeitsteilung hervorgegangenen Heilsgütern unterhalten. Es wird damit deutlich, daß die objektive Enteignung nicht notwendigerweise einen Prozeß impliziert, der darauf hinausläuft, die Gesamtheit der religiösen Produktionsmittel in der Hand einer partikularen Gruppe zu konzentrieren, d. h. die Kompetenz oder, mit Max Weber gesprochen, die religiöse »Qualifikation«, die bis dahin gleichmäßiger unter allen Mitgliedern der Gesellschaft verteilt war. [28] Gleichwohl findet sich der Schatz an überkommenen Wissensbeständen und Techniken (etwa der Agrarriten), selbst wenn er unverändert fortbesteht, durch das objektive Verhältnis, das er mit neuen Kapitalformen eingeht, deren Wahrung und Übertragung auf fortgeschritteneren Techniken wie etwa der Schrift beruhen, objektiv entwertet. Diese Entwertung führt mehr oder weniger schnell den Niedergang des traditionellen Kapitals herbei, und damit auch die religiöse »Pauperisierung« und die symbolische Trennung von heiligem [sacré] Wissen und profaner Unwissen-

28 Durkheim definierte die sozialen Kategorien des Denkens als »durchdachte [savants] Denkinstrumente, die die menschlichen Gruppen mühsam im Lauf der Jahrhunderte geschmiedet und in denen sie den besten Teil ihres intellektuellen Kapitals angehäuft haben«. Und in einer Fußnote merkt er an: »Darum ist es legitim, die Kategorien mit Instrumenten zu vergleichen; denn das Werkzeug ist seinerseits aufgehäuftes Materiekapital. Übrigens besteht zwischen den drei Begriffen: Werkzeug, Kategorie und Institution eine enge Verwandtschaft.« *Formen*, S. 41 und Fn. 24.

heit, welche das *Geheimnis* [secret] zum Ausdruck bringt und verstärkt.[29]

Die unterschiedlichen Gesellschaftsgebilde lassen sich – je nach Entwicklungs- und Differenzierungsgrad der objektiv mit der Produktion, Reproduktion, Wahrung und Verbreitung der religiösen Güter betrauten Instanzen – nach ihrer Entfernung von der religiösen Selbstversorgung auf der einen Seite, der völligen Monopolisierung der religiösen Produktion durch Spezialisten auf der anderen anordnen. Diesen zwei reinen Strukturtypen der Verteilung des religiösen Kapitals entsprechen: 1. Völlig gegensätzliche Aneignungsweisen des religiösen Kapitals, so auf der einen Seite die praktische Beherrschung einer ganzen Reihe von objektiv systematischen Denk- und Handlungsschemata, die durch schlichtes Vertrautwerden implizit einverleibt werden, dadurch also allen Mitgliedern der Gruppe gemein sind und auf vorreflexive Art zur Anwendung kommen; auf der anderen Seite die gelehrte Beherrschung eines Korpus von expliziten Normen und Wissensbeständen, die von Spezialisten explizit und überlegt systematisiert werden, die selbst einer mit der Reproduktion des religiösen Kapitals über ausdrückliches pädagogisches Wirken gesellschaftlich betrauten Institution angehören. 2. Klar unterschiedene Typen von Symbolsystemen, so die Mythen einerseits und die religiösen Ideologien (Theogonien, Kosmogonien, Theologien) andererseits, die das Produkt einer schriftförmigen Reinterpretation der mythisch-rituellen Überlieferung darstellen, eine Umdeutung, die hinsichtlich neuer Funktionen vorgenommen wird; darunter fallen zum einen interne Funktionen, die mit der Existenz des Feldes der religiösen Akteure einhergehen, zum andern externe Funktionen wie jene, die mit der Entstehung von Staaten und der Entwicklung der Klassengegensätze aufkommen und den großen Religionen mit universellem Anspruch ihren Daseinsgrund verleihen.

29 Das französische »le secret« hat die Bedeutung von Geheimnis wie auch von Absonderung oder das Abgesonderte. Bourdieu spielt hier mit der ethymologischen Verwandtschaft der beiden Wörter »secret« und »sacré«, das Heilige; Anm. d. Ü.

Mangels Nachdenken über die Formen von Kompetenz und besonders darüber, was das gelehrte Wissen des Professionellen, vor allem des Schriftkundigen, von der praktischen Beherrschung der gewöhnlichen Akteure trennt, verbauen sich viele Ethnologen die Frage nach dem Verhältnis zwischen den verschiedenen Formen der eingeborenen, gelehrten oder praktischen Beherrschung der mythischen oder religiösen Überlieferungen und dem Wissen, das sich der Ethnologe darüber nach Abschluß einer Untersuchung auf der Grundlage methodisch gesammelter Informationen und mittels Befragung verschiedener, um ihrer besonderen Kompetenz willen ausgesuchter Informanten verschaffen kann. Jede Systematisierung, auch die mit wissenschaftlicher Absicht, setzt sich dem Risiko aus, die gleichen Wirkungen wie die priesterliche Systematisierung zu bewerkstelligen, und zwar immer dann, wenn sie, angewandt auf Gegenstände, die wie der Mythos oder der Ritus objektiv systematisch sind, da sie ja ausgehend von einer kleinen Anzahl von im praktischen Zustand beherrschten Prinzipien produziert und reproduziert werden, die Grenzen der *praktischen Kohärenz* von Systemen mißachten, welche nicht das Produkt einer ausdrücklichen Absicht auf Systemhaftigkeit, sondern eines *praktischen Sinns* sind. So beobachtet Evans-Pritchard, ohne allerdings die Konsequenzen daraus zu ziehen, daß bei der Untersuchung plötzlich Schwierigkeiten auftreten, die für die Akteure unbekannt sind: »Die große Vielfalt der dem Wort *kwoth* (Geist) je nach Kontext anhaftenden Bedeutungen und die Leichtigkeit, mit der die Nuer von der einen zur anderen im Laufe ein und derselben Zeremonie übergehen, kann nur überraschen. Trotzdem kommen die Nuer nicht aus dem Konzept, da die Schwierigkeiten, die uns fesseln, für die Erfahrung gar nicht existieren und nur dann auftauchen, wenn man das religiöse Denken der Nuer zu analysieren und zu systematisieren sucht.«[30]

---

30 Edward Evans-Pritchard, *Nuer Religion, Oxford,* Clarendon Press, 1982 (1. Aufl. 1956), S. 106.

Das »strukturalistische« oder ganz allgemein (im Sinne Bachtins) philologistische Postulat, wonach die symbolischen Wirklichkeiten als sich selbst genügende »Texte« behandelt werden müssen, führt zur Verdrängung der Frage nach dem Verhältnis zwischen der Struktur der Praktiken (und besonders der Riten) oder der religiösen Glaubensinhalte (Mythen, Legenden usw.) und der Struktur des Raums der Produktion und des Einsatzes dieser kulturellen Güter, genauer der Frage nach der Struktur der religiösen Botschaft und dem Grad der Differenzierung der Arbeit symbolischer Produktion.

Durkheim liefert nebenbei ein Beispiel für dieses Problem, als er die Unterscheidung zwischen den »elementaren« bzw. »primitiven« und den »komplexen Religionen« trifft, welche sich durch den »Zusammenstoß von Theologien, die Vielfalt der Riten, die Menge der Gruppierungen, die Unterschiedlichkeit der Individuen« auszeichnen: »Man sehe nur einmal die Religionen Ägyptens, Indiens oder des klassischen Altertums an! Nichts als ein Dickicht von vielfältigen Kulten, die nach den Orten, den Tempeln, den Generationen, den Dynastien, den Invasionen usw. verschieden sind. Volksglauben gemischt mit den ausgeklügeltesten Dogmen! Außerdem ist weder die Religiosität noch die religiöse Tätigkeit in der Masse der Gläubigen gleichmäßig verteilt. Nach den Menschen, den Orten, den Umständen wird der Glaube wie die Riten auf verschiedene Weise gefühlt. Hier gibt es Priester, dort Mönche und noch anderswo nur Laien. Es gibt Mystiker und Rationalisten, Theologen und Propheten usw.«[31] Doch weil er im Namen der methodologischen Einsicht, die ihn veranlaßt, die Erklärung für das Komplexe im Einfachen, im Elementaren zu suchen, die »komplexen Religionen« aus seiner Untersuchung herausnimmt, macht er sich tendenziell eine Theorie der Religion zu eigen, die derjenigen Webers darin diametral entgegengesetzt ist, daß sie, wie wir noch an seiner Definition der Kirche sehen werden, die Auswirkungen der religiösen Arbeitsteilung igno-

31 *Formen*, S. 22f.

riert: »Nun ist aber der Magier in bezug auf die Magie das, was der Priester in bezug auf die Religion ist. Eine Versammlung von Priestern ist nicht die Kirche, genausowenig wie eine religiöse Kongregation, die im Schatten eines Klosters einem Heiligen huldigte, ein besonderer Kult wäre. Eine Kirche ist eben nicht einfach eine Priester-Brüderschaft; sie ist eine moralische Gemeinschaft, die aus allen Anhängern eines gemeinsamen Glaubens besteht, aus dem Gläubigen wie aus den Priestern.«[32] Die eigene Rolle der religiösen Akteure, vor allem der Priesterschaft wird dabei ausgeklammert, und damit zugleich auch alles, was die Besonderheit der gelehrten Religionen ausmacht.[33]

---

32 *Formen*, S. 73. Durkheim merkt dennoch einige Seiten vorher an, daß man, und sei es nur in rudimentärem Zustand, überall auf die Teilung der religiösen Arbeit stoße: »Allerdings ist es selten, daß eine Zeremonie ohne Leiter ausgeführt wird. Selbst in den nur grob organisierten Gesellschaften gibt es gewöhnlich Männer, deren soziale Rolle sie ausersehen hat, einen Führungseinfluß auf das religiöse Leben auszuüben (z. B. die Häuptlinge lokaler Gruppen in gewissen australischen Gesellschaften). Aber diese Funktionsverbindung ist noch sehr schwankend.« *Formen*, S. 71, Fn. 58.

33 Man kann hierzu die Niederschrift der Debatte zwischen Claude Lévi-Strauss und Paul Ricoeur (*Esprit*, Nov. 1963, S. 628–653) heranziehen, aus der deutlich wird, daß sowohl der um die Wahrung der Nichtreduzierbarkeit der biblischen Tradition besorgte Philosoph (A) geschickt über die Frage nach der Spezifizität der Produktionen der Priesterschaft hinweggeht als auch der Ethnologe, der zwar explizit die religiöse Arbeit der Spezialisten anerkennt (B), sie aber aus seiner Analyse eliminiert: (A): »Ich für meinen Teil bin erstaunt, daß alle Beispiele aus der geographischen Region kommen, die jene des sogenannten Totemismus war, und niemals aus dem semitischen, prä-hellenischen oder indo-europäischen Denken [...]. Ich frage mich, ob der mythische Hintergrund, in dem wir verwurzelt sind – der semitische (ägyptische, babylonische, aramäische, hebräische), der proto-helenische, der indo-europäische Hintergrund – sich ebenso leicht derselben Herangehensweise anbietet; ja viel mehr [...] bieten sie sich hierfür sicherlich an, doch tun sie dies auch vorbehaltlos?« (S. 607). (B): »Das alte Testament, das gewiß mythische Materialien umsetzt, greift sie mit einem anderen Ziel auf, als es ursprünglich das ihrige war. Die Verfasser haben sie durch ihre Interpretation zweifelsfrei auch verformt. Diese Mythen sind also, wie es Herr Ricoeur sehr schön sagt, einer intellektuellen Bearbeitung unterzogen worden.

Die intellektuelle Tradition ihrer Disziplin, die sie dazu führt, sich für das als »elementar« verstandene »Primitive« zu interessieren, sodann der selbst vom religiösen Blickpunkt aus schwache Grad an Ausdifferenzierung der untersuchten Gesellschaften und schließlich die idiographische Methode, zu der sie oft aufgrund der Schwierigkeit ihres Unterfangens verurteilt sind, hindern sie häufig daran, die Frage nach dem Verhältnis zwischen der Entwicklung des religiösen Apparats und der Struktur oder der Thematik der Botschaft zu stellen (welche einzig komparativ angelegte Untersuchungen beantworten könnten). Es kommt tatsächlich äußerst selten vor, daß Ethnologen systematische Informationen über das gesamte Universum der religiösen Akteure (aus denen sich auch ihre Informanten rekrutieren), über ihre Rekrutierung und Ausbildung, ihre Stellung und ihre Funktion in der Sozialstruktur liefern. Obgleich man in all den Fällen, in denen die Beobachter diesen Unterschieden viel Aufmerksamkeit schenken[34], beobachten kann, daß die Riten oder die Mythen selbst in den am wenigsten differenzierten Gesellschaften je nach Interesse der verschiedenen sozialen Kategorien Gegenstand abweichender, ja gar verschiedener *Gebrauchsweisen* sind, und daß die religiösen Praktiken und Glaubensinhalte signifikante Variationen auf-

---

Man müßte zunächst eine Vorarbeit in Agriff nehmen, die zum Ziel hätte, den der biblischen Literatur zugrundeliegenden mythologischen und archaischen Hindergrund wiederzufinden, was offensichtlich nur das Werk eines Spezialisten sein könnte« (S. 631). »Historisierte Mythen kennen wir viele auf der Welt; es ist beispielsweise ganz und gar erstaunlich, daß die Mythologie der Zuni-Indianer im Südwesten der Vereinigten Staaten [...] von eingeborenen Theologen ›historisiert‹ worden ist, und zwar auf eine Weise, die derjenigen anderer Theologen vergleichbar ist, die von den Mythen der Ahnen Israels ausgingen« (S. 636).

34 Vgl. beispielsweise Raymond Firth, *op. cit.*, Gregory Bateson, *Naven. A Survey of the Problems Suggested by a Composite Picture of the Culture of a New Guinea Tribe Drawn from Three Points of View*, London, Oxford University Press, 1965 (Originalausgabe 1936), und Pierre Bourdieu, *Le Sens pratique*, Paris, Minuit, 1980 (dt. *Sozialer Sinn*, Frankfurt am Main, Suhrkamp, 1987).

weisen, die nicht einfach als strukturale Varianten abgetan werden können, stellen sie sich nur ausnahmsweise die Frage nach der Verteilung religiöser Kompetenz nach Geschlecht, Alter, sozialem Rang, der technischen Spezialisierung oder dieser oder jener anderen sozialen Besonderheit. Ganz offensichtlich kommt es bei den »komplexen Religionen« vor, daß die interne Lesart die gefährlichsten Auswirkungen nach sich zieht: Wie Weber richtig bemerkt, ist nämlich die Weltsicht, wie sie die großen Weltreligionen anbieten, das Produkt genau definierbarer Gruppen (puritanischer Theologen, kunfuzianischer Gelehrter, Hindu-Brahmanen, jüdischer Leviten usw.), ja sogar von Individuen (wie den Propheten), die für bestimmte Gruppen sprechen. Daher kann die Analyse der internen Struktur der religiösen Botschaft die Funktionen nicht ungestraft ignorieren, die sie zuerst für die sie hervorbringenden Gruppen erfüllt, desweiteren für diejenigen Gruppen, die sie konsumieren, allerdings in je nach Autonomisierungsgrad des religiösen Feldes sehr ungleicher Weise. Beispielsweise kann die Transformation der Botschaft im Sinne einer Ethisierung und Rationalisierung zumindest zum Teil auf die Tatsache zurückzuführen sein, daß das relative Gewicht der Funktionen, die man als interne bezeichnen kann, in dem Maße wächst, wie sich das Feld autonomisiert.

Der Gegensatz zwischen den Inhabern des Monopols über die Verwaltung des Heiligen und den Laien, die als Profane im doppelten Sinne, nämlich als der Religion Unkundige und dem Heiligen wie dem Korps der Verwalter des Heiligen Fremde, objektiv definiert sind, bildet den Ausgangspunkt für den Gegensatz zwischen dem Heiligen und dem Profanen und dementsprechend zwischen der legitimen Handhabung (Religion) und der profanen oder profanisierenden Handhabung (Magie oder Hexerei) des Heiligen, ob es sich nun um eine objektive Profanisierung handelt, d.h. um Magie oder Hexerei als beherrschte Religion oder um eine beabsichtigte Profanisierung, d.h. um Magie als Gegenreligion oder verkehrte Religion. Ein System von Praktiken und Glaubensinhalten ist jedes Mal dann dazu bestimmt, als Magie oder Hexerei im Sinne einer minderwertigen Religion angesehen zu werden, wenn es eine beherrschte Stellung innerhalb der Struktur der symbolischen Kräfteverhältnisse einnimmt, d.h. im System der Verhältnisse zwischen den einem bestimmten Gesellschaftsgebilde eigenen Praxis- und Glaubenssystemen. So bezeichnet man gemeinhin als Magie entweder eine minderwertige und frühere, also primitive Religion, oder eine minderwertige und zeitgenössische, also profane (hier das Äquivalent von gewöhnlich) und profanisierende Religion. Wie Weber beobachtet, hat die Unterdrükkung eines Kultes unter Einfluß einer politischen oder kirchlichen Macht zugunsten einer anderen Religion, die dadurch, daß sie die alten Götter auf den Rang von Dämonen reduziert, gewöhnlich den Ausgangspunkt für den Gegensatz zwischen Religion und Magie gebildet.[35] Andererseits kommt der Umstand, daß innerhalb ein und derselben gesellschaftlichen Formation der Gegensatz zwischen Religion und Magie, Heiligem und Profanem, legitimer Handhabung und profaner Handhabung des Heiligen den Gegensatz zwischen den an die Verteilungsstruktur kulturellen Kapitals gebundenen Unterschieden religiöser Kompetenz verschleiert, niemals so deutlich zum Vorschein wie im Verhältnis zwischen Konfuzianismus und der Religiosität der chinesischen Volksklassen. Letztere wurde von der Verachtung und Verdächtigung seitens der Gebildeten in den Bereich der Magie verwiesen, welche auch das verfeinerte Ritual der Staatsreligion ausarbeiteten und die Herrschaft und Legitimität ihrer Lehren und ihrer Sozialtheorien durchsetzen konnten, und dies ungeachtet einiger lokaler und vorläufiger Siege taoistischer und buddhistischer Priester, deren Lehren und Praktiken den religiösen Interessen der Massen näher standen.[36]

---

35 *WuG*, S. 259.

36 Max Weber, »Die Wirtschaftsethik der Weltreligionen«, in: ders., *Gesammelte Aufsätze zur Religionssoziologie I*, Tübingen, J.C.B. Mohr, 1988[9], S. 276–536.

In Anbetracht einerseits des Verhältnisses, das der Grad der Systematisierung und Ethisierung der Religion mit dem Entwicklungsgrad des religiösen Apparats unterhält, andererseits des Verhältnisses, das zwischen der fortschreitenden religiösen Arbeitsteilung und dem Fortschreiten der allgemeinen Arbeitsteilung und der Stadtentwicklung besteht, wird verständlich, daß der Großteil der Autoren der Magie solche Eigenschaften zusprechen will, die den Praxis- und Vorstellungssystemen der ökonomisch unterentwickeltsten Gesellschaftsgebilde oder der am stärksten benachteiligten sozialen Klassen innerhalb von Klassengesellschaften entsprechen.[37] Man unterstellt gemeinhin den magischen Praktiken aufgrund dessen, daß sie sich im Gegensatz zu den eher abstrakten, allgemeineren und weiter entfernten Zielen, wie sie für die Religion typisch sind, auf konkrete, spezifische, partielle und unmittelbare Ziele richten, und daß sie im Gegensatz zu den versöhnenden und kontemplativen Absichten des »Gebets« beispielsweise von der Absicht erfüllt sind, Zwang und Manipulation gegenüber den übernatürlichen Mächten auszuüben; desweiteren daß sie dem Formalismus und Ritualismus des *do ut des* verhaftet bleiben.[38]

In Wirklichkeit kann man all diese Eigenheiten, die ihren Ursprung in den von ökonomischer Not beherrschten Existenzbedingungen finden, welche jegliche Distanznahme im Verhältnis zur Gegenwart und zu den unmittelbaren Bedürfnissen verbietet und der Ausbildung gelehrter Kompetenz auf religiö-

37 Es gibt zweifelsohne keine Gesellschaft, die, wie schwach auch immer ihr religiöser Apparat ausgebildet sein mag, nicht den von Durkheim in Anlehnung an Robertson Smith eingeführten Gegensatz kennt, nämlich den zwischen der institutionell etablierten Religion, des offenkundigen und legitimen Ausdrucks der der Gruppe gemeinsamen Glaubensvorstellungen und Werte, und der Magie als Gesamtheit der Glaubensvorstellungen und Praktiken, wie sie den beherrschten Gruppen oder Kategorien (etwa den Frauen) oder auch den strukturell uneindeutige gesellschaftliche Stellungen einnehmenden Personen (wie dem Schmied oder der alten Frau in den Berbergesellschaften) eigen sind.

38 *WuG*, S. 285 ff.

sem Gebiet kaum förderlich ist, aller Wahrscheinlichkeit nach eher in den ökonomisch gesehen ärmsten Gesellschaften oder sozialen Klassen antreffen. Diese sind deshalb geradezu prädisponiert, eine beherrschte Stellung in den materiellen und symbolischen Kräfteverhältnissen einzunehmen. Es kommt jedoch noch ein weiterer Aspekt hinzu: Jede beherrschte Praxis oder Glaubensäußerung ist dazu verurteilt, in dem Maße als profanisierend zu erscheinen, als sie gerade aufgrund ihrer Existenz und gar ohne jegliche Profanisierungsabsicht eine objektive Anfechtung des Monopols auf die Verwaltung des Heiligen, also auf die Legitimität der Inhaber dieses Monopols darstellt. Tatsächlich ist das Überleben stets auch ein Widerstand, also der Ausdruck einer Weigerung, sich der religiösen (oder allgemein der kulturellen) Produktionsmittel enteignen zu lassen. Deshalb ist die von einer Absicht auf Profanisierung inspirierte Magie nur ein Grenzfall oder schlicht die Wahrheit der Magie als objektive Profanisierung: »Die Magie«, schreibt Durkheim, »sieht eine Art Berufsvergnügen darin, die heiligen Dinge zu entweihen; in ihren Riten tut sie das Gegenteil von den religiösen Zeremonien«.[39] Der Zauberer treibt die Logik der Anfechtung des Monopols bis zum Äußersten, wenn er das im Zusammenbringen eines profanen Akteurs mit einem heiligen Objekt bestehende Sakrileg dadurch noch steigert, daß er die delikaten und komplexen Verrichtungen, denen sich die Inhaber des Monopols über den Umgang mit den religiösen Gütern unterziehen müssen, auf den Kopf stellt oder karikiert, um ein solches Zusammenbringen zu legitimieren.

Das spezifisch religiöse Interesse

Der Religion kommt die praktische und politische Funktion der Verabsolutierung des Relativen und der Legitimierung des Willkürlichen zu, die darin besteht, das Potential an materieller

39 *Formen*, S. 70.

und symbolischer Kraft zu verstärken, das von einer Gruppe mobilisiert werden kann, um die Gruppe als solche zu konstituieren, sowie all das zu legitimieren, was sie gesellschaftlich definiert, d.h. alle charakteristischen Eigenschaften einer Möglichkeit unter anderen zu existieren, die objektiv an sie geknüpft sind, insofern sie ja eine bestimmte Stellung in der Sozialstruktur einnimmt. Diese Aufgabe kann sie nur erfüllen, insoweit sie auch eine logische und gnoseologische Funktion übernimmt, was sie in ihrer Eigenschaft als strukturiertes Symbolsystem vermag, das selbst wiederum als Strukturierungsprinzip funktioniert, welches Erfahrung konstruiert und zugleich zum Ausdruck bringt; und das dank des (Legitimations- oder) Konsekrationseffekts, den allein die Explizitmachung als Öffentlichmachung und Offizialisierung bewirkt, das über die Daseinsbedingungen eingeprägte System der Dispositionen einem substantiellen Wandel unterzieht, der vor allem in der Verwandlung des *Ethos* als System impliziter Handlungs- und Wahrnehmungsschemata in eine *Ethik* als systematisierte und rationalisierte Gesamtheit von expliziten Normen besteht.

Die Religion übt eine Konsekrationswirkung aus, insofern sie durch ihre heiligenden Sanktionen die faktischen politischen wie ökonomischen Grenzen und Barrieren in rechtliche Grenzen verwandelt; dies tut sie vor allem, indem sie die Erwartungen und Strebungen symbolisch mitbeeinflußt und damit die Anpassung der gelebten Hoffnungen an die objektiven Chancen bewirkt. Desweiteren übt sie diese Konsekrationswirkung auch dadurch aus, daß sie ein System von konsekrierten Praktiken und Vorstellungen einprägt, dessen (strukturierte) Struktur in einer verklärten, also verkennbaren Form die Struktur der in einem bestimmten Gesellschaftsgebilde herrschenden ökonomischen und sozialen Verhältnisse reproduziert. Sie kann die gemeinsame – und dadurch mit einer Form von Objektivität ausgestattete – Weltansicht, die sie (als strukturierende Struktur) bewirkt, nur erzeugen, indem sie die Verkennung der Grenzen des Erkennens, das sie möglich macht, miterzeugt, und zwar dadurch, daß sie die symbolische Verstärkung ihrer

Sanktionen zu den logischen und gnoseologischen Grenzen und Barrieren, die durch einen bestimmten Typus materieller Existenzbedingungen bewirkt werden, hinzufügt (Wirkung des Erkennens-Verkennens).

Daraus folgt, daß es zugleich wahr und falsch ist, der Volksreligiosität in mystifizierender Weise eine Funktion der Verlagerung politischer Konflikte zuzuschreiben. Man kann nur dann zu recht in bestimmten religiösen Bewegungen wie den mittelalterlicher Häresien eine verkappte und damit entstellte Form des Klassenkampfes sehen, wenn man, anders als Engels, dem Erkennungs-Verkennungseffekt Rechnung trägt, der bewirkt, daß es zum Klassenkampf zu einem gegebenen Zeitpunkt nur kommen kann, wenn er die Form und die Sprache des Religionskrieges annimmt. Die Religion ist das, was den Klassenkampf in der Form eines Religionskrieges möglich macht, wobei sie ihm zugleich das Bewußtsein seiner selbst als Klassenkampf verwehrt.

»Jegliche Bewußtwerdung im Mittelalter vollzieht sich durch und über die Religion – im Bereich der Spiritualität. Man könnte die mittelalterliche Mentalität über die Unmöglichkeit definieren, sich ohne religiöse Bezugnahmen auszudrücken.«[40] Die Häresie entgeht diesem Zwang nicht, und die Revolte gegen die Kirche nimmt fast immer die Form einer religiösen *Überbietung* im Sinne der Mystik und einer Verweigerungshaltung gegenüber interessegeleiteten Tätigkeiten an. »Gesellschaftliche Gruppen sind zu Ketzern geworden, weil sie unzufrieden mit ihrer wirtschaftlichen und sozialen Situation waren: Auf das Kircheneigentum neidische Adelige, Kaufleute, die irritiert darüber waren, daß ihnen in der sozialen Hierarchie nicht der ihrer ökonomischen Stellung entsprechende Platz zukam, Arbeiter vom Land – Knechte oder Lohnarbeiter – und aus der Stadt – Weber oder Gerber –, die gegen ein System auf-

40 Jacques Le Goff, »Métier et profession d'après les manuels de confesseur au Moyen Âge«, *Miscelanea Medievalia*, Köln, 1964, Vl. III, S. 44–60.

gebracht waren, dem die Kirche scheinbar ihre Unterstützung verlieh. Doch im Bereich der Bewußtwerdung hat es Verurteilungen ohne Bezugnahme auf die verschiedenen Arbeitsformen gegeben. Die Katharer beispielsweise dulden die Arbeit für diejenigen Gläubigen, die weiterhin ein vom Übel beflecktes weltliches Dasein führen, den Vollkommenen jedoch ist sie absolut untersagt.«[41] Mangels einer Umwandlung der Sprache und der Logik, in der die Revolte zum Ausdruck kommt, trägt die Häresie vor allem über die von ihr vertretene Theologie der Arbeit zur Bestätigung der wirtschaftlichen und sozialen Zustände bei, die ja ihren Ursprung bilden.

Die Religionskriege sind in einem Wort weder die »gewaltsamen theologischen Auseinandersetzungen«, die man darin die meiste Zeit zu erkennen vermeinte, noch die Konflikte zwischen »materiellen Klasseninteressen«, die Engels in ihnen entdeckte. Sie sind beides zugleich, denn die Kategorien des theologischen Denkens verwehren es, den Klassenkampf als solchen zu denken und zu führen, insofern sie die Mittel dazu liefern, ihn als Religionskrieg zu denken und zu führen.

Genauso macht die religiöse Alchimie im Bereich des Praktischen »aus der Not eine Tugend«, oder, gemäß dem Ausspruch William James', »das, was unvermeidbar ist, zu etwas Leichtem und Angenehmen«, und ebenso macht sie im gnoseologischen Bereich »aus der Notwendigkeit etwas Logisches«, indem sie die gesellschaftlichen Barrieren, die das »Nicht-Denkbare« abstecken, in logische, immerwährende und notwendige Grenzen verwandelt. Wie Paul Radin darlegt, wäre es daher ein Leichtes, zu zeigen, daß die Vorstellung des Verhältnisses zwischen dem Menschen und den übernatürlichen Kräften, welche die unterschiedlichen Religionen anbieten, nicht die Grenzen überschreiten kann, die von der den Gütertausch in der betreffenden Gruppe oder Klasse leitenden Logik auferlegt sind[42]: Es scheint ganz so, als ob die »eucharistische« Vorstellung des Op-

41 *Ebd.*
42 Paul Radin, *op. cit.*, S. 182–183.

fers, die in den primitiven Gesellschaften beinahe völlig unbekannt ist, wo die Austauschbeziehungen dem Gesetz von Gabe und Gegengabe gehorchen, ja selbst noch bei den bäuerlichen Klassen, die, wie Weber bemerkt, in ihrem Verhältnis zu Gott und dem Priester tendenziell einer »streng formalistische[n] Ethik des ›do ut des‹« anhängen, sich nur entwickeln konnte, wenn die ökonomischen Tauschstrukturen sich wandelten; das geschah vor allem mit der Entwicklung des Handels und des städtischen Handwerks, die dadurch, daß sie die Beziehung zum Kunden einführten, die Konzeption einer kalkülhaften Ethisierung der Beziehung zwischen Mensch und Gottheit ermöglichten. Man kennt ja den Konsekrationseffekt, den im Gegenzug, nicht nur im Bereich des Praktischen, sondern auch im Bereich der Theorie, die religiöse Verklärung des asketischen Ethos der entstehenden bürgerlichen Klasse in eine religiöse Ethik der weltlichen Askese bewirken konnte.

Wenn es so etwas wie gesellschaftliche Funktionen der Religion gibt, und wenn die Religion folglich der soziologischen Analyse zugänglich ist, so erwarten die Laien von ihr nicht – oder nicht nur – Rechtfertigungen für ihr Dasein, die sie der existentiellen Angst vor den Wechselfällen des Lebens und der Verlassenheit sowie dem biologischen Elend, der Krankheit, dem Leiden und dem Tod entheben können, sondern auch und vor allem Rechtfertigungen dafür, in einer bestimmten gesellschaftlichen Position zu existieren und zwar so zu existieren wie sie existieren, also mit allen Eigenschaften, die ihnen gesellschaftlich anhaften. Die Frage nach dem Ursprung des Bösen (*unde malum et quare?*), die, wie Weber erinnert, zu einer Frage nach dem Sinn der menschlichen Existenz nur für die sich ständig auf der Suche nach einer »Theodizee des Glücks«[43] befindlichen privilegierten Klassen wird, ist grundsätzlich eine gesellschaftliche Frage nach den Ursachen und Gründen von Ungerechtigkeiten oder sozialen Privilegien: Die Theodizeen

43 Max Weber, »Die Wirtschaftsethik der Weltreligionen«, *loc. cit.*, S. 242.

sind immer auch Soziodizeen. Erst mit dem Aufkommen des städtischen Bürgertums, das sich konzentriert, die menschliche Geschichte und Existenz als das Produkt von persönlichem Verdienst oder Verfehlung statt als Wirkung des Schicksals zu interpretieren, erhält die Religiosität den intensiv persönlichen Charakter, der allzu oft als zum Wesen jeglicher religiösen Erfahrung gehörig angesehen wird.

Es genügt also, den religiösen Tatbestand auf spezifisch soziologische Art zu konstruieren, d.h. als legitimatorischen Ausdruck einer sozialen Position, um die gesellschaftlichen Möglichkeitsbedingungen und damit die Grenzen anderer Konstruktionen zu erfassen, insbesondere derjenigen, die es in ihrem Bemühen, sich der erlebten Wahrheit der religiösen Erfahrung als einer auf ihre externen Funktionen nicht reduzierbaren persönlichen Erfahrung zu unterziehen, unterläßt, den gesellschaftlichen Bedingungen Rechnung zu tragen, die erfüllt sein müssen, damit diese gelebte Erfahrung überhaupt möglich wird. Eine so grundlegende Unterscheidung wie diejenige, welche die persönlichen Religionen zwischen der Pflege des Leibes und der Pflege der Seele treffen, setzt die kollektiven und individuellen Bedingungen dafür, daß die physische oder biologische Welt als ein von Naturgesetzen regiertes Universum gedacht werden kann, sowie vor allem die Instrumente (wie die Medizin) für eine rationelle Beherrschung von Unfällen und Zufälligkeiten als gegeben voraus. Die Frage nach dem persönlichen Heil oder der Existenz des Bösen, der Angst vor dem Tod oder dem Sinn des Leidens sowie alle an den Grenzen der Psychologie und der Metaphysik situierten Fragestellungen, die deren säkularisierte Form darstellen, und welche mit unterschiedlichen Methoden als auch Erfolg von den Beichtvätern und Predigern, Psychologen und Psychoanalytikern, Romanciers und Eheberatern, von den Frauenmagazinen gar nicht zu sprechen, behandelt werden, haben die Entwicklung eines Interesses für Probleme des Bewußtseins und eine wachsende Sensibilität für das Elend der menschlichen Lage zur gesellschaftlichen Möglichkeitsbedingung, welche selbst wiederum nur innerhalb eines bestimmten Typus von materiellen Existenzbedingungen möglich ist: Daher wurzelt der Gegensatz zwischen der metaphysischen Revolte gegen die Sinnlosigkeit der menschlichen Existenz und die universellen Entfremdungserscheinungen – jene, die eine privilegierte Situation niemals völlig aufhebt, ja sogar noch verdoppeln kann, indem sie die Fähigkeit ausbildet, sie ausdrücken, analysieren und damit empfinden zu können – und der Resignation der Enterbten vor dem gemeinsamen Schicksal voller Leiden, Trennungen und Einsamkeit in dem Gegensatz zwischen den materiellen Existenzbedingungen und den sozialen Positionen, worin diese zwei gegensätzlichen Typen von verklärten Vorstellungen der sozialen Ordnung und ihrer Zukunft ihren Entstehungsort haben. Und wenn die Vorstellung vom Paradies als Ort individueller Glückseligkeit heute besser mit der religiösen Nachfrage des Kleinbürgertums übereinstimmt als mit denen der herrschenden Fraktionen der Bourgeoisie, die ja ebenso empfänglich für die szientistische Eschatologie eines Teilhard de Chardin wie für die Zukunftsmusik der vorausschauenden Gesellschaftsplaner sind, so liegt das, wie Reinhold Niebuhr anmerkt, daran, daß der »evolutionistische Millennarismus stets die Hoffnung der wohlhabenden und privilegierten Klassen zum Ausdruck gebracht hat, die sich selbst für zu rational halten, als daß sie die Idee eines plötzlichen Zutagetretens des Absoluten in der Geschichte akzeptieren könnten«, für die »das Ideal in der Geschichte liegt und auf seinen endgültigen Triumph hinwirkt« und die »Gott und Natur, Ideal und Wirklichkeit miteinander identifizieren, nicht nur, weil die dualistischen Konzeptionen der klassischen Religion für sie zu irrational sind, sondern, weil sie nicht so sehr wie die Enterbten unter den Grausamkeiten der Gegenwartsgesellschaft leiden und sich auch kein so katastrophenhaftes Bild von der Geschichte machen.«[44]

---

44 Reinhold Niebuhr, *Moral Man and Immoral Society*, New York, Charles Scribners' Sons, 1932, S. 62.

Die religiöse Nachfrage variiert also in Abhängigkeit von der im sozialen Raum und innerhalb der Teilung der religiösen Arbeit eingenommenen Position. Die Konkurrenzbeziehungen, welche die unterschiedlichen Spezialisten innerhalb des religiösen Feldes einander gegenüberstellen und bei denen die Laien den Ausschlag geben, sind das dynamische Element des religiösen Feldes und damit auch der Wandlungen der religiösen Ideologie. Die religiöse Botschaft, die am ehesten die religiöse Nachfrage einer bestimmten Gruppe von Laien befriedigen kann, auf sie also auch eine spezifisch symbolische Mobilisierungswirkung erzielt, ist auch diejenige, die ihr ein (quasi) System an Rechtfertigungen für die Eigenschaften bietet, die ihr objektiv anhaften (als sie eine bestimmte Position innerhalb des sozialen Raums einnimmt), und im Falle der herrschenden Gruppen auch diejenige, die am besten die *besondere Kapitalsorte* legitimiert, auf der ihre Macht beruht.

Die fast schon wundersame Harmonie, die sich zwischen der Form, welche die religiösen Praktiken und Glaubensinhalte in einer gegebenen Gesellschaft zu einem gegebenen Zeitpunkt annehmen, und den spezifisch religiösen Interessen ihrer bevorzugten Klientel beobachten läßt, ist das Ergebnis einer selektiven Rezeption, mit der notwendigerweise eine Umdeutung einhergeht, deren Ursache nichts anderes als die innerhalb der Sozialstruktur eingenommene Position ist. Die Wahrnehmungs- und Denkschemata, welche die Voraussetzung für diese Rezeption darstellen und auch deren Grenzen abstecken, sind das Produkt der dieser Position anhaftenden Existenzbedingungen. Wenn deshalb etwa »der Kriegsadel und alle feudalen Mächte [...] nicht leicht Träger einer rationalen religiösen Ethik zu werden [pflegen]«, so liegt das, wie Weber bemerkt, daran, daß »Begriffe wie ›Sünde‹, ›Erlösung‹, religiöse ›Demut‹ [...] dem Würdegefühl aller politisch herrschenden Schichten, vor allem aber des Kriegsadels, nicht nur fernzuliegen, sondern es direkt zu verletzen [pflegen]«.[45] Das Zirkulieren der religiösen

45 *WuG*, S. 288.

Botschaft impliziert notwendigerweise eine Umdeutung, die entweder von Spezialisten bewußt vorgenommen wird, um die Botschaft auf die Erwartungen der Empfänger hin zuzuschneiden, oder unbewußt von den Rezipienten, die die Botschaft vermittelt über ihre eigenen Wahrnehmungs- und Beurteilungskategorien begreifen. Die Umstrukturierung fällt hierbei um so bedeutender aus, je größer die ökonomische, soziale und kulturelle Distanz zwischen der Gruppe der Produzenten, der Gruppe der Vermittler und der Gruppe der Rezipienten ist. Daraus ergibt sich, daß die Form, welche die Struktur der religiösen Praxis- und Glaubenssysteme zu einem gegebenen Zeitpunkt annimmt (die historische Religion), vom ursprünglichen Inhalt der Botschaft weit entfernt sein kann und ganz und gar nur unter Bezugnahme auf die vollständige Struktur der Verhältnisse der Produktion, Reproduktion, Zirkulation und Aneignung der Botschaft sowie auf die Geschichte dieser Struktur verstanden werden kann.[46] Deshalb schließt Ernst Troeltsch gegen Ende seiner monumentalen Geschichte der Soziallehren der christlichen Kirchen und Gruppen: »Es gibt keine absolute christliche Ethik«, und dies, weil in jedem Gesellschaftsgebilde und zu allen Zeiten die gesamte christliche Weltsicht und das

46 Deshalb hat Max Webers Versuch, die großen Weltreligionen unter Bezugnahme auf die Berufsgruppen oder Klassen zu charakterisieren, die bei ihrer Propagierung eine bestimmende Rolle gespielt hatten, vor allem insoweit anregenden Wert, als er die jeder der großen ursprünglichen Botschaften eigenen Stilprinzipien umreißt: »Will man die Schichten, welche Träger und Propagatoren der sog. Weltreligionen waren, schlagwörtlich zusammenfassen, so sind dies für den Konfuzianismus der weltordnende Bürokrat, für den Hinduismus der weltordnende Magier, für den Buddhismus der weltdurchwandernde Bettelmönch, für den Islam der weltunterwerfende Krieger, für das Judentum der wandernde Händler, für das Christentum aber der wandernde Handwerksbursche, sie alle nicht als Exponenten ihres Berufes oder materieller ›Klasseninteressen‹, sondern als *ideologische Träger* einer solchen Ethik oder Erlösungslehre, die sich besonders leicht mit ihrer sozialen Lage vermählte.« *WuG*, S. 311, Hervorh. von Pierre Bourdieu.

christliche Dogma insoweit von der für die unterschiedlichen Gruppen von Gläubigen charakteristischen sozialen Lage abhängig sind, als sie sich an diese Lage anpassen müssen, um sie in den Griff zu bekommen.[47] Ebenso wie die gemeinhin als christlich bezeichneten Glaubensinhalte und Praktiken (denen kaum mehr als der Name gemein ist) ihren Fortbestand über die Zeit dem Umstand verdanken, daß sie nicht aufgehört haben, sich in dem Maße zu wandeln wie die Funktionen sich wandelten, die sie bei den sich beständig erneuernden Gruppen, die sie aufnahmen, erfüllen, verdanken auch synchron gesehen die religiösen Vorstellungen und Verhaltensweisen, die sich auf ein und dieselbe Ursprungsbotschaft berufen, ihre Verbreitung im sozialen Raum einzig der Tatsache, daß sie für die verschiedenen Gruppen völlig unterschiedliche Bedeutungen und Funktionen haben.[48] Deshalb kann die einheitliche Fassade der mittelalterlichen Kirche nicht die Existenz all der *internen* Schismen oder Häresien verschleiern, die es der Kirche gestatteten, völlig voneinander abweichenden Interessen oft eine Antwort mit einheitlichem Anstrich zu geben (der Raum der internen Differenzen bildete früher wie heute den Ausgangspunkt eines spontan dem Raum der externen Differenzen angepaßten Angebots).

Die religiösen Repräsentationssysteme erwecken den Anschein von Einheitlichkeit nur dadurch, daß sie hinter einem

47 Ernst Troeltsch, *Die Soziallehren der christlichen Kirchen und Gruppen*, 2 Bde., Tübingen, J.C.B. Mohr, 1994 (Nachdr. der Ausgabe von 1912).

48 In den Beichtspiegeln schlägt sich die Spur der Interaktionen zwischen Laien und Geistlichen nieder, sie bringen auch die *Arbeit* ans Licht, welche letztere zur Anpassung der religiösen Anforderungen an neue Anforderungen, besonders auf wirtschaftlichem Gebiet, vollbringen müssen. Die Gewissensfälle, die sich aus der Berufstätigkeit ergeben, führen zu einer Klassifikation der Sünden nach sozialer Zugehörigkeit der Sünder (Sünden von Geistlichen, Akademikern, Richtern, Bauern, Handwerkern) und zu einer Differenzierung der Predigten nach dem Status der Rezipienten (*sermo ad status*) (vgl. Jacques Le Goff, »Métier et profession d'après...«, *loc. cit.*).

Minimum an gemeinsamen Dogmen und Riten die von ihnen autorisierte Vielfalt der abweichenden, ja sogar gegensätzlichen Interpretationen verschleiern. Jede der großen Weltreligionen gibt Stoff für eine solche Pluralität von Lesarten. Das trifft etwa für das Judentum zu, welches, wie Louis Finklestein gezeigt hat, in dem Gegensatz zwischen pharisäischer und prophetischer Tradition die Spuren der ökonomischen wie kulturellen Spannungen und Konflikte zwischen den halbnomadischen Hirten und den seßhaften Bauern, zwischen den landlosen Gruppen und den Großgrundbesitzern, sowie zwischen den Handwerkern und den adeligen Städtern bewahrt;[49] dies gilt ebenso für den Hinduismus, der auf den verschiedenen Ebenen der sozialen Hierarchie so unterschiedliche Deutungen erfährt, oder für den japanischen Buddhismus mit seinen zahlreichen Sekten, oder schließlich für das Christentum, ein Hybrid von aus der jüdischen Tradition, dem griechischen Humanismus und diversen Initiationskulten entlehnten Elementen, das anfangs, wie Weber beobachtet hat, von wandernden Handwerkern befördert wurde, um schließlich an seinem Höhepunkt zur Religion der Mönche und Krieger, der Sklaven und Adeligen, der Handwerker und Kaufleute zu werden. Die scheinbare Einheit dieser grundlegend unterschiedlichen Systeme ist um so leichter aufrechtzuerhalten, als dieselben Begriffe, dieselben Praktiken tendenziell *gegensätzliche Bedeutungen* annehmen, wenn sie dazu dienen, radikal gegensätzliche gesellschaftliche Erfahrungen zum Ausdruck zu bringen. Man denke etwa an die »Schicksalsergebenheit«, die für die einen die erste Lektion ihrer Existenz darstellt, während sie für die anderen erst mühsam gegen die Revolte angesichts der universellen Formen des Unausweichlichen errungen werden muß. Der *Effekt der Doppeldeutigkeit*, der sich unausweichlich und ohne daß man ihn explizit suchen müßte, immer dann einstellt, wenn eine einheitliche Botschaft unter Bezugnahme auf gegensätzli-

49 Louis Finklestein, *The Pharisees: The Sociological Background of their Faith*, New York, Harper and Bros., 1949, 2 Bde.

che Existenzbedingungen interpretiert wird, ist ohne Zweifel nur eine der Vermittlungen, durch die sich der Effekt der logischen Durchsetzung vollzieht, den jede Religion bewirkt.

Die Funktionsweise des religiösen Feldes

Das religiöse Kapital, über das die unterschiedlichen religiösen Instanzen, Akteure oder Institutionen, im Konkurrenzkampf um das Monopol über die Verwaltung der Heilsgüter und der legitimen Ausübung der religiösen Macht verfügen, ist entscheidend für die Natur, die Form und die Durchsetzungskraft der Strategien, welche diese Instanzen in den Dienst der Befriedigung ihrer religiösen Interessen stellen können, sowie für die Funktionen, die sie innerhalb der Teilung der religiösen Arbeit übernehmen. In Wirklichkeit geht die Anpassung des *religiösen Angebotes* als die Gesamtheit der religiösen Dienstleistungen und Heilsgüter, welche die unterschiedlichen Instanzen je nach Position in der Struktur der religiösen Kräfteverhältnisse, also in Abhängigkeit von ihrem religiösen Kapital, zu produzieren und anzubieten gehalten sind, und der den verschiedenen Laienkategorien eigenen Nachfrage nach Dienstleistungen und Heilsgütern aus der Homologie zwischen den Stellungen der Produzenten in der Struktur des Produktionsfeldes und den von den Konsumenten ihrer Produkte eingenommenen Positionen im sozialen Raum hervor.

Aus dem Universum der *historischen Strukturkonfigurationen* der Beziehungen zwischen den verschiedenen im Konkurrenzkampf um die religiöse Legitimität befindlichen Instanzen heben sich *invariante Beziehungen* ab, jene nämlich, die sich zwischen den Positionen, Dispositionen und Strategien von Spezialisten herausbilden, die in den verschiedenen Feldern strukturell äquivalente Positionen einnehmen. Die grundlegendste ist sicherlich jene, die sich zwischen den Inhabern eines gesellschaftlich anerkannten und institutionalisierten Kapitals an religiöser Autorität, der Priesterschaft einerseits und den

Trägern eines nicht garantierten, an ihre Person gebundenen religiösen Kapitals, den Propheten und Zauberern andererseits einstellt. Insoweit es ihr gelingt, die Anerkennung ihres Monopols durchzusetzen (*extra ecclesiam nulla salus*), ist die Kirche um ihres Fortbestandes willen darauf aus, den Eintritt neuer Heilsunternehmen wie Sekten oder aller unabhängigen Formen religiöser Vergemeinschaftung zum Markt, aber auch die individuelle Heilssuche (z.B. über Asketismus, Kontemplation oder die Orgie) mehr oder weniger vollständig zu unterbinden. Von daher verteidigt sie auch das mehr oder weniger vollkommene Monopol auf das *Kapital an sakramentaler oder Anstaltsgnade*, das ein Objekt des Tausches mit den Laien sowie ein Machtinstrument über die Laien darstellt, durch die Kontrolle des Zugangs zu den Mitteln der Produktion, Reproduktion und Verteilung der Heilsgüter, aber auch, indem sie das Monopol über die Sakramentsvergabe ebenso wie eine *Anstalts- oder Amtsautorität* (oder eine *Gnade*) an die Priesterschaft, also an hinsichtlich deren Verhältnis zum religiösen Kapital austauschbare Kultusbeamten delegiert. Dies geschieht derart, daß es ihnen erlassen wird, ständig erneut ihre Autorität erlangen und bestätigen zu müsssen, und sie vor den Folgen des Scheiterns ihrer religiösen Handlungen in Schutz genommen werden. Der *Prophet* (oder Häresiarch) und seine *Sekte* stellen ständig schon allein durch ihre Existenz und besonders durch ihr Bemühen, sich selbst die eigenen religiösen Bedürfnisse ohne die Vermittlung und die Fürsprache der Kirche zu befriedigen, das Monopol auf die Instrumente des Heils in Frage. Sie müssen die *ursprüngliche Akkumulation des religiösen Kapitals* verwirklichen, indem sie ständig eine den Fluktuationen und Unregelmäßigkeiten des konjunkturellen Verhältnisses zwischen dem Angebot an religiösen Dienstleistungen und der religiösen Nachfrage einer besonderen Kategorie von Laien unterworfene Autorität erlangen und wiedererlangen.

Bezeichnenderweise kann man die Positionen und *distinktiven* Eigenschaften des Priesters und des Propheten auch in einer der römischen oder indischen so entfernten Gesellschaft wie derjenigen der *Nuer* finden, eines Hirtenvolkes im ehemaligen britischen Sudan. Die sogenannten »leopardenhäutigen Priester«, weil das Tragen dieses Fells sie von allen anderen Männern unterscheidet, deren Amt erblich ist, haben das Monopol auf die Darbringung der Opfergaben inne, das allein das normale Dasein der Gemeinschaft wiederherstellen kann, wenn es durch die Überschreitung eines heiligen Verbots (etwa einen Mord) gefährdet worden ist. Der Priester bringt die Welt nach einer Krise wieder in Ordnung (beispielsweise indem er einen Mörder wieder in das normale Leben der Gesellschaft eingliedert): »Wie auch immer die Umstände aussehen, unter denen der Priester als Mittler zwischen Gott und den Menschen auftritt, seine Vermittlung bezieht ihre Wirksamkeit nicht aus ihm selbst, sondern aus seinem Amt [...]. Er bezieht seine gesamte Macht aus einem Amt, das Gott zu Anbeginn der Dinge als unerläßlichen Bestandteil der sozialen Ordnung eingerichtet hat. Folglich ist der Priester ein *traditioneller öffentlicher Beamter* [...]«.[50] Das Amt des Priesters ist ein *öffentliches Amt* als Vermittler[51]: »Der Priester [...] greift meistens in Situationen ein, in denen zwei Gruppen sich einander gegenüberstehen, wo es also notwendig ist, daß eine Person ohne verwandtschaftliche Verbindung (*lignage attachment*) zur einen oder anderen im Namen der gesamten Gemeinschaft handelt.«[52] Die sozialen und psychologischen Charakteristika des Priesters scheinen sich aus seiner Stellung innerhalb der religiösen Arbeitsteilung abzuleiten: Würdevoll und zurückhaltend erfüllt der Priester mit Leopardenhaut die mühsamen und schlecht bezahlten Pflichten; er entstammt meist kleinen Verwandtschaftsgruppen und lebt als Fremder auf Gebieten, die ihm nicht gehören und wendet sich an den Geist oder an Gott in seiner allgemeinsten Form (»Gott unserer Erde«, oder »Gott aller Nuer«). Der Prophet dagegen bezieht seine gesamte Macht aus sich selbst, aus

50 Edward E. Evans-Pritchard, *Nuer Religion, op. cit.*, S. 299
51 *Ebd.*, S. 111.
52 *Ebd.*, S. 300.

seinem Charisma (im Gegensatz zum Priester, der sie erbt). Er ist ein von einem über ihn herrschenden »Luftgeist« besessener Mann; er ist nicht der Fürsprecher der Menschen vor Gott, sondern der Wortführer Gottes bei den Menschen: »Die hauptsächliche gesellschaftliche Funktion der großen Propheten der Vergangenheit bestand darin, die Angriffe auf das Vieh der Dinka und die Schlachten gegen die verschiedenen Fremden aus dem Norden anzuführen [...]. Die Luftgeister sind zum größten Teil *dem Krieg* zugeordnet, und die Propheten der Nuer werden vor allem als Medium angesehen, über das Gott Befehle zum Kampf oder zum Sieg gibt«.[53] Der Prophet unterscheidet sich durch seine Eigenschaften und Praktiken vom gemeinen Mann: »Der *asketische und anormale Aspekt* der Persönlichkeit der Propheten geht mit einer *persönlichen Ambition*, mit der Suche nach *Renommee*, *Macht* und *Reichtum* einher, eine Verbindung, die daraus außergewöhnliche Persönlichkeiten macht.«[54]

Die dauernde Verwaltung des Vorrats an religiösem Kapital, welches das Produkt der akkumulierten religiösen Arbeit ist, und die notwendige religiöse Arbeit, die für die Gewährleistung der Fortdauer dieses Kapitals durch die Gewährleistung der *Wahrung* und *Wiederherstellung* des symbolischen Marktes, auf dem es gültig ist, nötig ist, können nur durch einen bürokratischen Apparat erbracht werden, der, wie die Kirche, dauerhaft zum Vollzug des zur Sicherung seiner eigenen Reproduktion notwendigen kontinuierlichen, d.h. *gewohnheitsmäßigen* Handelns imstande ist. Dies geschieht durch die Reproduktion austauschbarer Produzenten von Heilsgütern und religiösen Dienstleistungen, also der Priesterschaft, und des

53 *Ebd.*, S. 45.

54 *Ebd.*, S. 307. Die gleichen Gegensätzlichkeiten (erworben/angeboren – wunderbare Gabe –, stabil/instabil, kontinuierlich/diskontinuierlich, gemein/erlesen, usw.) unterscheiden die beiden religiösen Figuren *dukun bijasa* und *dukun tiban* in der javanesischen Überlieferung (vgl. Clifford Geertz, *The Religion of Java*, S. 100).

Marktes für diese Güter, also der Laien (im Gegensatz zu den Ungläubigen und Häretikern), die als Konsumenten mit einem Minimum an religiöser Kompetenz (einem religiösen Habitus) ausgestattet sind, damit sie das spezifische Bedürfnis nach seinen Produkten empfinden. Als Produkt der Institutionalisierung und Bürokratisierung der prophetischen Sekte (mit allen Auswirkungen der damit einhergehenden »Veralltäglichung«) steht die Kirche, die zahlreiche Charakteristika einer Bürokratie aufweist (etwa die ausdrückliche Festsetzung der Kompetenzbereiche und die reglementierte Hierarchisierung der Ämter mit der damit einhergehenden Rationalisierung der Entlohnungen, der »Ernennungen«, des »Aufstiegs« und der »Karrieren«, die Kodifizierung der die berufliche Tätigkeit wie das außerberufliche Leben leitenden Regeln, eine Rationalisierung der Arbeitsinstrumente (wie etwa des Dogmas und der Liturgie) und die berufliche Ausbildung, etc.), objektiv im Gegensatz zur Sekte wie die gewöhnliche (alltägliche und veralltäglichende) Organisation zum außeralltäglichen Handeln der Anfechtung der gewöhnlichen Ordnung. Jede Sekte, der es gelingt, zur Kirche, also zur mit ihren Hierarchien und ihren Dogmen identifizierten Verwahrerin und Hüterin einer Orthodoxie zu werden, ist aus diesem Grund dazu bestimmt, eine erneute Reformation auszulösen.

Die symbolische Macht, über die derjenige Prophet als unabhängiger Heilsunternehmer ohne jegliches Ausgangskapital und ohne eine andere Bürgschaft oder Garantie als seine »Person« verfügt, der neuartige Heilsgüter produzieren und verbreiten möchte, die auch zur Diskreditierung der alten dienen können, hängt einerseits davon ab, ob er die möglicherweise vorhandenen häretischen Interessen bestimmter Gruppen oder Klassen von Laien dank des Konsekrationseffektes mobilisieren kann, den einzig der Umstand der Symbolisierung und der Explizitmachung bewirkt, andererseits, ob er einen Beitrag zur Umkehrung der etablierten (also priesterlichen) symbolischen Ordnung und zur symbolischen Ordnung dieses Umsturzes der Ordnung, also der Desakralisierung des Sakralen und zur

Sakralisierung des Sakrilegs als revolutionärer Überschreitung leisten kann.

Das spezifische Kapital an Charisma, das ein religiöser Akteur besitzt, stellt in gewisser Hinsicht den Anteil an in kollektiver Arbeit produzierter und reproduzierter symbolischer Energie dar, die er nach mehr oder weniger kodifizierten Formen entweder aus persönlichem Antrieb oder als Delegierter, Beauftragter, Sachwalter der Autorität einer Anstalt mobilisieren, aktualisieren, umsetzen kann. Die Grundlage für diese Macht findet sich nicht in der Person des religiösen Akteurs, ebensowenig in seiner Rede oder in den von ihm benutzten Instrumenten, sondern in dem gesamten Netz von Produktions- und Austauschbeziehungen, in dem der Glaube und die vom Glauben begründete Macht erzeugt werden, die er im Kreislauf der *Kredite* und der Macht begründet, in dem die Gruppe die über sie ausgeübte symbolische Macht erzeugt und projiziert. Die Lüge sich selbst gegenüber, die jeder Glaube mit sich bringt, hat nur dann Aussicht auf Erfolg, wenn die individuelle Unehrlichkeit durch die kollektive Unehrlichkeit unterhalten und gestützt wird. Die symbolische Wirkung des Charisma ergibt sich aus der Dialektik der intimen Erfahrung symbolischer Macht (die nicht ohne den Glauben an seine eigene symbolische Macht geschieht) und dem gesellschaftlichen Bild dieser Macht.[55] »Die Gesellschaft«, schrieb Mauss, »bezahlt sich stets selbst mit dem Falschgeld ihrer Träume«: die Gesellschaft, und

55 »Quesalid ist nicht ein großer Zauberer geworden, weil er seine Kranken heilte, sondern er heilte seine Kranken, weil er ein großer Zauberer geworden war.« Claude Lévi-Strauss, *op. cit.*, S. 198. Um sich ein genaueres Bild dieser Dialektik machen zu können, muß man nur daran denken, was aus den objektiven Verhältnissen und den Interaktionen zwischen dem Maler und seinem Publikum im großen und ganzen seit Duchamp geworden ist. Sie finden heute ihre archetypische Form bei den Vertretern der arte povera oder der Konzeptkunst die ihren Anspruch auf das Monopol der künstlerischen Produktion einzig aufgrund des Umstands behaupten müssen, daß sie, indem sie sich als Künstler denken und sich Künstler nennen, sich als Künstler produzieren und als Künstler irgendein beliebiges Objekt produzieren.

nur sie selbst, da sie allein das *falsche Zirkulieren von Falschgeld* autorisieren, ja organisieren kann, das unter dem Anschein von Objektivität den Wahn als privaten Glauben (croyance privée) von der Gläubigkeit (foi) als anerkanntem Glauben (croyance reconnue), als *Orthodoxie* unterscheidet; rechte Meinung und Glaube (*doxa*) begreifen die natürliche Welt und die soziale Welt so, wie sie begriffen werden wollen, d.h. als *fraglos gegeben*. Dieser Logik folgend muß die Frage nach den Voraussetzungen für den Erfolg des Propheten gestellt werden, der sich genau auf der unbestimmten Grenze zwischen dem *Anormalen* und dem *Außergewöhnlichen* aufhält, und dessen exzentrisches und befremdliches Gebaren als *außergewöhnlich* bewundert oder als *jenseits des common sense* stehend verachtet werden kann.[56] Jede Umkehrung der etablierten Ordnung erfordert die einem Sakrileg gleichkommende Durchführung einer *Entnaturalisierung*: es geht dabei nicht nur darum, die bestehenden Institutionen ihrer Sakralität zu berauben, sondern noch viel weitergehend darum, durch eine »ent-alltäglichende« Kritik die Praktiken, die Personen, die Werte oder Institutionen, welche die Vertrautheit mit ihnen als in der Natur der Sache verankert begreift, als *willkürlich* hinzustellen. Neben der

56 Man denke etwa an den von Evans-Pritchard erwähnten Propheten, der im Busch lebte, menschliche und tierische Exkremente aß und vom Boden seines Stalls zu dessen First rannte, oder an jenen anderen, der den ganzen Tag damit verbrachte, von der Erd- und Schuttpyramide, die er selbst erbaut hatte, herabzuschreien (Edward E. Evans-Pritchard, *Nuer Religion, op. cit.*, S. 305–307). Ebenso beschreibt Max Weber in *Das antike Judentum* die biblischen Propheten, die auf die Straße gingen, um die hohen Würdenträger des Judentums mit persönlichen Invektiven, Drohungen und Beleidigungen zu überhäufen, und die alle Zeichen der besessensten Leidenschaften an den Tag legten. Unterschiedliche pathologische Zustände gingen diesen Momenten höchster Inspiration voraus: Ezechiel schlug auf seine Nieren ein und stampfte mit den Füßen auf den Boden; in der Folge einer seiner Visionen blieb er sieben Tage lang gelähmt; er vermeinte durch die Lüfte zu flattern. Jeremias tat wie ein Betrunkener. Viele Propheten hatten visuelle und auditive Halluzinationen. Sie fielen in hypnotische Zustände und gaben unkontrollierte Reden von sich.

Häresie, deren Möglichkeit schon in der Orthodoxie angelegt ist, sind die radikalsten *Krisen* diejenigen, die eine Infragestellung der Doxa als undiskutiertes Verhaftetsein an die als natürlich angenommene Ordnung der Welt begünstigt.

Dem Propheten und dem Zauberer, die ihr Amt als unabhängige Unternehmer außerhalb jeder Institution, also ohne institutionellen Schutz oder Garantie ausüben, ist der Gegensatz zur Priesterschaft gemein. Sie unterscheiden sich aber durch die unterschiedlichen Positionen, die sie innerhalb der Teilung der religiösen Arbeit einnehmen, und von denen aus sie sehr unterschiedliche Bestrebungen verfolgen, welche sie wiederum einer stark unterschiedlichen sozialen Herkunft und Ausbildung verdanken: Der Prophet behauptet seinen Anspruch auf die legitime Ausübung religiöser Macht, wenn er sich Tätigkeiten widmet, mittels derer die Priesterschaft die Besonderheit ihrer Praxis und die Nichtreduzierbarkeit ihrer Kompetenz und damit die Legitimität ihres Monopols beweist, etwa auf das Verfassen und Verkünden einer explizit systematisierten Lehre, die dem Leben und der Welt einen einheitlichen Sinn verleihen kann und somit das Mittel zur Verwirklichung der systematischen Integration der alltäglichen Lebensführung um ethische, also praktische Prinzipien herum bietet. Dagegen antwortet der Zauberer von Mal zu Mal auf einzelne und unmittelbare Nachfragen mit Sprüchen und Techniken der Körper- und Seelenheilung.

Die universell belegten Charakteristiken des Propheten wie der Verzicht auf Profit oder, mit Weber gesprochen, der Umstand, daß er »die ökonomische Verwertung der Gnadengaben als Einkommensquelle« verschmäht und verwirft[57], sodann die Ambition, eine regelrechte religiöse Macht über die Durchsetzung und Verwurzelung einer in gelehrter Sprache ausgedrückten und in einer esoterischen Tradition wurzelnden gelehrten Doktrin auszuüben, steht in schroffem Gegensatz zu denen, die den Zauberer kennzeichnen wie die Unterwerfung unter

57 *WuG*, S. 142 u. S. 269.

materielles Interesse und der Gehorsam gegenüber Aufträgen, was mit dem Verzicht auf die Ausübung spiritueller Herrschaft einhergeht. Wenn dem so ist, dann muß der Prophet in gewisser Hinsicht seine spezifisch religiösen Machtambitionen durch eine noch absolutere Verdrängung weltlicher – also vor allen Dingen politischer – Interessen legitimieren, was die asketische Haltung und all die körperlichen Prüfungen an den Tag legen.[58] Der Zauberer kann dagegen seine Dienste offen gegen materielle Entlohnung anbieten, sich also explizit in ein Verkäufer-Kunden-Verhältnis stellen, das doch die objektive Wahrheit jeden Verhältnisses zwischen religiösen Spezialisten und Laien darstellt. Als einziger, der keine Proselytenmacherei betreiben will und auch keine mentalen Vorbehalte gegenüber dem *sermo rusticus* hat, findet der Zauberer seine Kundschaft bevorzugt unter den Bauern und ganz allgemein bei den Bevölkerungsgruppen mit dem geringsten kulturellen Kapital, die den praktischen Diensten der Pflege des Leibes, welche unauflöslich auch eine Seelsorge beinhaltet, offener gegenüberstehen, als den theoretischen Systematisierungen der Prophetie.

Der Bedarf nach religiöser Systematisierung (und ebenso die Form der Beziehung zu den Produktionsinstanzen religiöser Güter) variiert in Abhängigkeit von den materiellen Existenzbedingungen und genauer noch vom Bildungsniveau der potentiellen Konsumenten (bzw. dem Rationalisierungsgrad ihrer Berufspraxis), wobei er seine höchste Intensität in der herrschenden Klasse und vor allem innerhalb der intellektuellen Fraktion dieser Klasse erreicht, welche als einzige in der Lage ist, die intellektualistische Frage nach dem Sinn der Welt und des menschlichen Daseins zu stellen sowie die durch die Routine veralltäglichten Dogmen und die Liturgie einer rationalen

58 In *Das antike Judentum* erinnert Max Weber daran, daß, wie variabel das Verhältnis zwischen Priestern und Propheten auch immer gewesen ist, die Propheten sich stets als die Symbole eines in jeder Hinsicht dem Ritualismus, der Routine und der Laxheit der Priester gegenüber feindlich eingestellten ethischen Rigorismus empfanden.

Kritik zu unterziehen. Die Angehörigen der herrschenden Klasse lehnen es ab, sich darin völlig auf die Institution zu verlassen und leben tendenziell ihr Verhaftetsein an eine prophetische Botschaft (und um so eher an die mit ihrer Einprägung befaßten Institutionen) als das Produkt einer Wahl oder einer bewußten Konversion; und wenn die Dialektik der Distinktion, welche die Einteilung in durch distinktive Zeichen von einander geschiedene *Sekten* auslöst, sich in dem Maße immer häufiger beobachten läßt als die Voraussetzungen für die Herausbildung eines Bedürfnisses nach einem systematischen Diskurs gegeben sind, so setzt das Vermögen, diesem Bedürfnis selbst genüge zu tun, voraus, daß die gleichen Bedingungen erfüllt sind, und wächst folglich parallel wie das Widerstreben, das Monopol auf die legitime Produktion anderen Produzenten zu übertragen. Die Haltung, die man als »sektiererisch« bezeichnen könnte, zeichnet sich im Gegensatz zu der für den »Gläubigen« charakteristischen Haltung, der gläubig geboren sich spontan dem Willen seiner Kirche unterwirft, grundsätzlich durch die tendenzielle *Ablehnung der Delegierung religiöser Verantwortung an professionelle Akteure* aus. Die Infragestellung des priesterlichen Monopols kommt in der Ablehnung der Anstaltsgnade und der Amtsautorität, im Anspruch auf das Recht auf Diskussion und Kritik (beispielsweise mit der wortwörtlichen Bibelauslegung) und im Extremfall in der Ausrufung des Prinzips der Laienpredigt und des (von jeder konsequent handelnden Kirche verweigerten) »allgemeinen Priestertums« zum Ausdruck. Darüber hinaus tritt die sektiererische Haltung den Kompromissen und Arrangements mit der Welt, die der Gläubige der Kirche zugesteht, mit einem Radikalismus und einem eschatologischen Asketismus entgegen, die mit einer Gleichgültigkeit gegenüber weltlichen Werten und Erfolg einhergehen.

Da die Wahrung des Monopols auf die symbolische Macht für die Institution, die es innehat, davon abhängt, ob sie es fertig bringt, daß die davon Ausgeschlossenen die Legitimität ihres Ausgschlossenseins anerkennen, bedroht die prophetische (oder häretische) Anfechtung der Kirche die Existenz der kirchlichen Institution insgesamt, indem sie nämlich nicht nur (im Namen der Ablehnung der »Anstaltsgnade«) die Fähigkeit des Priesterkorps, seine erklärte Funktion zu erfüllen, sondern (im Namen des Prinzips des »allgemeinen Priestertums«) auch die Daseinsberechtigung des Priesteramts überhaupt in Frage stellt. Wenn das Kräfteverhältnis dann zugunsten der Kirche steht, kann die prophetische Anfechtung der Kirche nur in der Unterdrückung des Propheten (oder der Sekte) durch physische oder symbolische (Exkommunikation) Gewalt enden, es sei denn, die Unterwerfung des Propheten (oder Reformators), der sich darein fügt, an der religiösen Aneignung der von den ketzerischen Gruppen aufgeworfenen Themen für die Kirche zu arbeiten, läßt es vertretbar erscheinen, daß man ihn durch Kanonisierung (wie z. B. im Fall des heiligen Franz von Assisi) der Kirche einverleibt.

Eine besondere Form des Kampfes, die sich beobachten läßt, wenn die Kirche ein völliges Monopol auf die Heilsinstrumente innehat, stellt der Konflikt zwischen Orthodoxie und Häresie (das Homolog zum Konflikt zwischen Kirche und Prophet) dar, der sich nach einem nahezu konstanten Muster vollzieht: Der Konflikt um die spezifisch religiöse Autorität zwischen den Spezialisten (theologischer Konflikt) und/oder der Konflikt um die Macht im Innern der Kirche führt dazu, daß die kirchliche Hierarchie bestritten wird, was sogar in Häresie übergehen kann, wenn, durch eine Krisensituation begünstigt, die Infragestellung der Konzentration des kirchlichen Monopols durch eine Fraktion des Klerus auf die antiklerikalen Interessen einer Fraktion der Laien stößt und zur Ablehnung des kirchlichen Monopols als solchem führt.

In einer Situation wie jener der auf der Basis einer komplexen Hierarchie organisierten mittelalterlichen Kirche, die eine dem Volk beinahe unbekannte Sprache gebraucht und das absolute Monopol auf den Zugriff auf die Kultusinstrumente, heiligen Texte und vor allem *Sakramente* innehat, und die das Heil vom Empfang der Sakramente und besonders von der Segnung und der Absolution durch den Priester abhängig macht, ist das religiöse Feld deckungsgleich mit dem Feld der sich innerhalb der Kirche abspielenden Konkurrenzbeziehungen. Die Konflikte um die geistliche Autorität, die sich innerhalb des relativ autonomen Unterfelds der *für andere Gelehrte* produzierenden Gelehrten (Theologen) einstellen, welche in der ihnen eigenen intellektuellen Suche nach *Unterscheidung* in der Lehre und dem Dogma zu schismatischen Stellungnahmen kommen, bleiben von Natur aus zwangsläufig auf die »universitäre« Welt beschränkt, und das Umschlagen dieser klerikalen Schismen in populare Häresien ist wohl insoweit mehr Schein als Wirklichkeit[59], als man es selbst in den Fällen, die für die Diffusionsthese sprechen (z.B. John Wyclif und die Lollarden, Jan Hus und die Hussiten etc.), zweifellos mit einer von der Suche nach Autoritäten und gelehrten Bürgschaften begleiteten Mischung aus Erfindung und deformierender Umdeutung zu tun hat. Alles deutet darauf hin, daß einzig in dem Maße, wie die Struktur der Konkurrenzverhältnisse im innerkirchlichen Machtkampf ihm die Möglichkeit eröffnet, sich mit einem »liturgischen« und kirchlichen Konflikt, also mit einem Konflikt um die Macht über die Heilsinstrumente, zu verbinden, das klerikale Schisma die besten Chancen hat, zu einer popularen Häresie zu werden.[60] Wenn religiöse (und selbst säkularisierte) Ideologien,

59 Vgl. Herbert Grundmann, »Hérésies savantes et hérésies populaires au Moyen Age«, in: Jacques Le Goff (Hg.), *Hérésies et sociétés dans l'Europe préindustrielle, XIe–XVIIIe siècles*, Paris-La Haye, Mouton, 1968, S. 209–210, S. 218.

60 Greenslade hat klar die entscheidende Bedeutung gesehen, die den »liturgischen Disputen« für die Schismen der Urkirche zukamen (Vgl. Stanley L. Greenslade, *Schism in the Early Church*, New York, Harper and Bros., 1953, S. 37–124). Unter den erklärenden Faktoren für das Aufkommen von Häresien muß man die strukturellen Eigenheiten der priesterlichen Bürokratie mit in Betracht ziehen, und ganz besonders ihre mehr oder weniger große Fähigkeit, sich zu reformieren oder in ihrem Innern reformatorische Gruppen aufzunehmen und zu tolerieren. Deshalb kann man in der Geschichte der christlichen Kirche im Mittelalter Perioden unterscheiden, während derer »häretische« Tendenzen aufkom-

die sich in unterschiedlichen Stadien des ideologischen Feldes als häretisch bezeichnen (in dem Sinn, daß sie die religiöse Ordnung, welche die kirchliche »Hierarchie« aufrecht zu erhalten bestrebt ist, in Frage stellen wollen), so viele *invariante Themen* aufweisen (etwa die Ablehnung der Anstaltsgnade, Laienpredigertum und allgemeines Priestertum, direkte Selbstverwaltung der Heilsunternehmen, kirchliche »Festangestellte« werden als einfache »Diener« der Gemeinde angesehen, »Gewissensfreiheit«, also das Recht eines jeden Individuums auf religiöse Selbstbestimmung im Namen der Gleichheit der religiösen Befähigungen etc.), so liegt das daran, daß ihnen stets eine mehr oder weniger radikale Ablehnung der priesterlichen Hierarchie zugrunde liegt, welche sich in eine rasende Anklage der Willkür einer nicht auf der Heiligkeit ihrer Träger begründeten religiösen Autorität und sogar in eine radikale Verdammung des kirchlichen Monopols als solchem verwandeln kann. Das liegt auch daran, daß sie sich, ursprünglich für die Bedürfnisse

---

men konnten, wie sie zur gleichen Zeit auch durch die Schaffung neuer religiöser Orden (also grob gesagt bis zum Beginn des 13. Jahrhunderts) vereitelt werden konnten, sowie Perioden, während derer diese Tendenzen nur die Form der expliziten Ablehnung der kirchlichen Ordnung aufgrund der Untersagung der Gründung neuer Orden annehmen konnten (Vgl. Gordon Leff, in: Jacques Le Goff., *op. cit.*, S. 103 und S. 220–221). Man kann sich in der Fortführung eines Gedankens von Jacques Le Goff (*op. cit.*, S. 144) fragen, ob die Variationen in der Häufigkeit des Auftretens von Häresien nicht in Relation zu morphologischen Phänomenen wie den Fluktuationen des Umfangs des Klerikerkorps steht, sowie mit der damit einhergehenden Fähigkeit der Kirche, die Häresien dadurch zu verdauen, daß sie ihnen in ihrem Innern ein mystisches Entrinnen anbietet. Wie man am Falle Englands der frühen Stuarts hat zeigen können, scheint es einen unbestrittenen Zusammenhang zwischen der Überproduktion von Geistlichen und interner häretischer Kritik zu geben. Die Ursache für revolutionäre Einstellungen des niederen Klerus liegen nicht in den studierten Inhalten (wie noch Hobbes glaubte), sondern im Festhalten von diplomierten Personen auf subalternen Positionen (im speziellen Fall auf denen von *lecturers*) (vgl. Mark H. Curtis, »The Alienated Intellectuals of Early Stuart England«, *Past and Present*, 23, 1962, S. 25–43).

des internen Kampfes gegen die kirchliche Hierarchie produziert und reproduziert (im Gegensatz zum Großteil der rein »theologischen« Ideologien, die anderen Funktionen gehorchen und deshalb auf die Welt des Klerus beschränkt sind), dazu eignen, die religiösen Interessen der Laien, die am ehesten zur Bestreitung der Legitimität des kirchlichen Monopols auf die Heilsinstrumente neigen, um den Preis einer Radikalisierung zum Ausdruck zu bringen bzw. zu inspirieren.

Mit einem solchen Modell läßt sich die den Angehörigen des niederen Klerus in den häretischen Bewegungen zukommende Rolle besser verstehen, die sich, egal, ob sie noch ordiniert sind oder schon die Kutte abgelegt haben, genau an dem Punkt befinden, wo der Konflikt zwischen den Herrschenden und Beherrschten innerhalb des religiösen Apparats und der externe Konflikt zwischen den Klerikern und den Laien ineinandergreifen. Aufgrund des Umstands, daß sie innerhalb der Hierarchie des kirchlichen Herrschaftsapparats eine beherrschte Position einnehmen, die homolog zu derjenigen der beherrschten Klassen im sozialen Raum ist, und in einer sozialstrukturell *uneindeutigen* Zwischenposition schweben, verfügen sie über eine kritische Kompetenz, die ihnen ermöglicht, ihrer Revolte auf mehr oder weniger systematische Weise Ausdruck zu verleihen und so den beherrschten Klassen als Sprachrohr zu dienen, besonders denjenigen Fraktionen, die sich (wie die Subproletarier) konjunkturell oder strukturell in einer uneindeutigen Position befinden. Es ist nur ein kleiner Schritt von der Anprangerung der Verweltlichung der Kirche und der verdorbenen Sitten des Klerus, vor allem der hohen kirchlichen Würdenträger, bis zur Infragestellung des Priesters als bestalltem Spender sakramentaler Gnade und zu extremistischen Forderungen nach einer totalen Demokratisierung der »Gnadengabe«: Abschaffung der Zwischeninstanzen mittels der Abschaffung der Beichte und der Bußleistungen, zu deren Verhängung die Kirche als Inhaberin des Monopols auf das Bußsakrament als einzige das Recht besaß, zugunsten der freiwilligen Buße; Abschaffung der Kommentatoren und Kommentare, der »als Deutungsquellen verstandenen obligatorischen kirchlichen Symbole«[61], und der Wille, zum Wortlaut der heiligen Quellen zurückzugehen und keine andere Autorität als das *preceptum evangelicum* anzuerkennen; Bestreiten des priesterlichen Monopols und Ablehnung der Anstaltsgnade unter Berufung auf die gleichmäßige Verteilung der Gnadengabe, die in der Suche nach einer direkten Gotteserfahrung wie in der Überhöhung der göttlichen Inspiration erkennbar wird, welche besser zur Verkündung der Glaubensgeheimnisse an die Unschuld, ja an die *stultitia* der Geringen und »christlichen Armen« imstande ist als die verdorbenen Kirchenleute.[62]

Die Funktionslogik der Kirche, der priesterlichen Praxis und zugleich die Form und der Inhalt der Botschaft, der sie Geltung verschafft und die sie einprägt, sind die Folge des Zusammenwirkens von *internen Zwängen* und *externen Kräften*. Die ersteren sind der Funktionsweise einer Bürokratie inhärent, so etwa der *Imperativ der Ökonomie des Charisma*, der verlangt, daß austauschbare Kultusbeamte mit der Ausübung der Priesterschaft, einer notwendigerweise »gewöhnlichen«, da alltäglichen und repetitiven, Tätigkeit betraut werden. Sie müssen über eine in einer spezifischen Ausbildung erworbene, einheitliche berufliche Qualifikation und über Instrumente verfügen, die zur Gewährleistung eines einheitlichen und vereinheitlichenden Handelns geeignet sind. Die *externen Kräfte* besitzen, je nach historischer Konjunktur, unterschiedliches Gewicht, so etwa die religiösen Interessen der unterschiedlichen Gruppen oder Klassen von Laien, die der Kirche mehr oder weniger bedeutende *Konzessionen* und *Kompromisse* abverlangen können. Diese sind einerseits von

61 Leszek Kolakowski, *Chrétiens sans église. La conscience religieuse et le lien confessionnel au XVIIe Siècle*, Paris, Gallimard, 1969, S. 306.

62 Die Anfechtung der etablierten Hierarchie, die mit dem Montanismus bis zur Ablehnung des Grundsatzes von Ordnung und Autorität ging, führte die Häresien der Urkirche zu ideologischen Themen, die den mittelalterlichen Häresien sehr nahe stehen (Vgl. Stanley L. Greenslade, *op. cit.*).

dem Kräftepotential abhängig, das sie für die in ihren Abweichungen von den traditionellen Normen enthaltenen häretischen Neigungen in Dienst nehmen können (und mit denen das priesterliche Korps bei der Seelsorge direkt konfrontiert ist), andererseits von der Konkurrenz durch den Propheten (oder die Sekte) und den Zauberer, die in dem Maße, wie sie häretische Kräfte mobilisieren, auch die Zwangsgewalt der Kirche schwächen.

So kommt es vor, daß die Struktur der religiösen Botschaft mehr oder weniger direkt die Struktur der für das religiöse Feld konstitutiven Beziehungen widerspiegelt und daß die Gegensätze, die sich zwischen den übernatürlichen Mächten (etwa zwischen Göttern und Dämonen) einstellen, in einer eigentümlich religiösen Logik die Gegensätze zwischen den verschiedenen Typen religiösen Handelns reproduzieren, also die Kräfteverhältnisse innerhalb des religiösen Felds zwischen herrschenden Spezialisten (Priestern) und beherrschten Spezialisten (Zauberern); ebenso können sich die Interessen der Priesterschaft ziemlich unvermittelt in der religiösen Ideologie widerspiegeln, die sie produzieren oder reproduzieren: »Wie die Brahmanenpriester die Fähigkeit wirksamen Gebets, d. h. wirksamen magischen Götterzwangs, monopolisiert haben, so monopolisiert nun dieser Gott [Brahma, der »Herr« des Gebets] wieder die Verfügung über dessen Wirksamkeit und damit, konsequent weitergedacht, über das allem religiösen Handeln Wichtigste«.[63] Die Logik des Marktes der religiösen Güter bringt es mit sich, daß jede Ausdehnung oder jedes Anwachsen der weltlichen und geistlichen Macht der Priesterschaft über die Laien (beispielsweise mit der Evangelisierung) mit einer Verdoppelung der sowohl auf der Ebene des Dogmas als auch auf der Ebene der Liturgie zugestandenen Konzessionen an die religiösen Vorstellungen der so hinzu gewonnenen Laien bezahlt werden muß. Zieht man die Eigenschaften der auf dem Markt angebotenen religiösen Güter (oder heutzutage der kulturellen Güter) in Betracht, so sinkt der Erklärungswert der an

---

63 *WuG*, S. 252.

das eigentliche Produktionsfeld gebundenen Faktoren tendenziell zugunsten der an die Konsumenten gebundenen Faktoren, und zwar in dem Maße, wie das Verbreitungs- und Zirkulationsgebiet seiner Produkte sich vergrößert, d.h. sozial diversifiziert. Hat die Kirche wie im europäischen Mittelalter faktisch ein fast völliges Monopol inne, dann folgt daraus, daß sich hinter dem durch die Invarianz der Liturgie hervorgerufenen Anschein von Einheitlichkeit eine gezielte Diversifizierung der Predigt- und Seelsorgetechniken wie auch eine vom mystischen Fideismus bis zu magischem Ritualismus reichende extreme Verschiedenheit religiöser Erfahrungen verbergen. So hat auch das Spiel der Uminterpretationen und Kompromisse den nordafrikanischen Islam zu einer komplexen Totalität gemacht, innerhalb derer man nicht ohne Willkür unterscheiden könnte, was daran eigentümlich islamisch ist und was zum örtlichen Hintergrund gehört: Die Religiosität der (»traditionalistischen« oder »verwestlichten«) bürgerlichen Stadtbewohner mit ihrem Bewußtsein, einer Weltreligion anzugehören, steht in allen wesentlichen Punkten dem Ritualismus der Bauern entgegen, denen die Feinheiten des Dogmas und der Theologie unbekannt sind, und der Islam stellt sich als eine hierarchisierte Gesamtheit dar, innerhalb deren sich unterschiedliche »Ebenen« analytisch herausschälen lassen, etwa animistische Verehrung und agrarische Riten, Heiligenkult und Marabutismus, durch die Religion geregelte Praxis, Recht, Dogma und mystischer Esoterismus. Eine differenzierende Analyse würde zweifelsfrei äußerst unterschiedliche Formen *religiöser Profile* (in Analogie zu dem Bachelardschen Begriff des »epistemologischen Profils«), d.h. sehr verschiedene hierarchische Integrationsformen dieser unterschiedlichen Ebenen offenlegen, deren relative Bedeutung je nach Existenzbedingungen und dem für die jeweilige Bevölkerungskategorie charakteristischen Bildungsniveau variiert.[64]

64 Vgl. Pierre Bourdieu, *Sociologie de l'Algérie*, Paris, Presses Universitaires de France, 1970^3 (1. Aufl. 1958), S. 101–103.

Die Konkurrenz durch den Zauberer, einen zu bestimmten Gelegenheiten von Privatleuten gemieteten selbständigen Kleinunternehmer, der seine Dienste in Teilzeit und gegen Entlohnung (meistens sogar heimlich) ausübt, ohne speziell darauf vorbereitet worden zu sein und ohne eine institutionelle Garantie zu haben, trifft sich mit der Nachfrage der Beherrschten (vor allem der Bauern), die seinen Kundenstamm bilden, um der Kirche die »Ritualisierung« der religiösen Praxis und die *Kanonisierung* des Volksglaubens abzuverlangen. Das *Manuel de Folklore français contemporain*[65] von Arnold Van Gennep ist voll von Beispielen für diesen Austausch zwischen der bäuerlichen und der kirchlichen Kultur – »folklorisierte liturgische Feiern«, wie die »Bittgänge«[66], in die allgemeine Liturgie integrierte heidnische Riten, mit magischen Eigenschaften und Funktionen ausgestattete Heilige usw. –, welche die Spur jener Zugeständnisse sind, die der Klerus gegenüber den Forderungen der Laien machen mußte und sei es auch nur, um den konkurrierenden Bemühungen der Zauberei jene Kunden zu entreißen, die dieser durch ein »Aggiornamento« ausgeliefert wurden. Desgleichen bezieht der Islam seine Kraft und seine Form in den ländlichen Gegenden Nordafrikas daraus, daß er sich an die Erwartungen der Landbewohner angepaßt und sie gleichzeitig um den Preis unablässiger Kompromisse assimiliert hat: Während die Agrarreligion beständig in der Sprache der Weltreligion reinterpretiert wird, definieren sich die Vorschriften der Weltreligion in Abhängikeit von lokalen Sitten neu um. Die Tendenz der Orthodoxie, die einheimischen Rechte und Sitten (etwa der Berber) oder die Agrarkulte als Überbleibsel und Abweichungen anzusehen, erfährt stets ein Gegengewicht in den mehr oder weniger methodischen Bemühungen, diese

65 Arnold Van Gennep, *Manuel de folklore français contemporain*, Paris, Picard, 1943–1988, 8 Bde.

66 Im katholischen Ritus Zeremonien, die sich während der Christi Himmelfahrt vorausgehenden drei Tage vollziehen und die Erlangung des göttlichen Segens für die Ernte und die Feldarbeit zum Ziel haben; Anm. d. Übers.

Formen von Religiosität oder Recht in sich aufzunehmen, ohne sie anzuerkennen.[67]

Dagegen verstärkt die Konkurrenz durch den Propheten (oder die Sekte) in Verbindung mit der intellektualistischen Kritik durch bestimmte Laienkategorien die Tendenz der priesterlichen Bürokratie, die Liturgie wie auch das Dogma einer »kasuistisch-rationalen Systematisierung« und einer »Veralltäglichung« zu unterziehen. Dies geschieht mit der Bestimmung, daraus einheitliche (»veralltäglichte«), *kohärente*, *distinktive* und gefestigte (»kanonisierte«) Instrumente für den symbolischen Kampf zu machen, die zur Aneignung und Verwendung durch jedermann, allerdings erst nach dem Ende einer speziellen Ausbildung, geeignet und somit für den Nächstbesten unerreichbar sind (darin besteht die der Erziehung übertragene Funktion der Legitimation des religiösen Monopols). Als Beleg dafür, daß die Notwendigkeit der Verteidigung gegen die konkurrierende Prophetie (oder Häresie) und gegen den Laienintellektualismus die Hervorbringung von »veralltäglichten« Instrumenten der religiösen Praxis begünstigt, läßt sich die Tatsache anführen, daß sich die Produktion von kanonischen Schriften beschleunigt, wenn der Inhalt der Tradition bedroht ist.[68] Die Sorge um die Definition der Ursprünglichkeit der Gemeinde im Verhältnis zu konkurrierenden Lehren rückt auch die *Unterscheidungszeichen und -lehren* in den Vordergrund, um gegen die Indifferenz zu kämpfen und gleichzeitig den Übertritt zu einer konkurrierenden Religion zu erschweren.[69] Zudem stellen die »kasuistisch-rationale Systematisierung« und die »Veralltäglichung« dadurch die Grundbedingungen für das Funktionieren einer Bürokratie zur Verwaltung von Heilsgütern dar, daß sie *beliebigen* (also austauschbaren) Akteuren die kontinuierliche Ausübung der priesterlichen Tätigkeit erlauben, indem sie die für sie zur Erfüllung ihres Amtes

67 Vgl. Pierre Bourdieu, *ebd.*
68 *WuG*, S. 279f.
69 *WuG*, S. 281.

zu geringsten Kosten (für sie selbst) und unter geringstem Risiko (für die Institution) unerläßlichen Werkzeuge liefern, und dies vor allem dann, wenn sie »zur Stellungnahme zu den zahllosen konkreten Problemen [gezwungen sind], welche in der Offenbarung selbst nicht entschieden sind«.[70] Das Brevier, das Gebetbuch oder der Katechismus fungieren dabei als Gedächtnisstütze wie als Zwangsjacke, damit die Ökonomie der Improvisation gewährleistet und gleichzeitig auch unterbunden wird. Schließlich hat die Systematisierung durch den Priester in Form von Verfeinerungen und Komplizierungen, die sie an dem ursprünglichen kulturellen Bestand vornimmt, zur Folge, die Laien auf Distanz zu halten (darin besteht eine der Funktionen jeglicher *esoterischer Theologie*)[71], sie davon zu überzeugen, daß diese Tätigkeit eine spezielle »Qualifikation«, eine nicht für den gemeinen Mann erreichbare »Gnadengabe« voraussetzt und sie schließlich zur Überlassung der Verwaltung ihrer religiösen Angelegenheiten an die Angehörigen der leitenden Kaste zu überreden, welche allein dazu imstande sind, sich die Kompetenz, ein *religiöser Theoretiker* zu werden, anzueignen.[72]

Politische Macht und religiöse Macht

Da die spezifisch religiöse Autorität und die weltliche Macht, welche die unterschiedlichen religiösen Instanzen in ihren Kampf um die religiöse Legitimität zum Einsatz bringen können, nie ganz unabhängig vom Potential der von ihnen mobilisierten Laien ist, und da folglich die Struktur der objektiven Beziehungen zwischen den Instanzen, die unterschiedliche Positionen innerhalb der Verhältnisse der Produktion, Reproduktion und Distribution religiöser Güter einnehmen, tendenziell die Struktur der Kräfteverhältnisse zwischen den Gruppen

70 *WuG*, S. 284.
71 Paul Radin, *op. cit.*, S. 19.
72 Paul Radin, *op. cit.*, S. 37.

oder Klassen widerspiegeln, allerdings *in verklärter und verschleierter Form*, bestimmt die Struktur der Beziehungen zwischen dem religiösen Feld und dem Feld der Macht stets die Strukturkonfiguration der für das religiöse Feld konstitutiven Beziehungen, welches insoweit eine externe Funktion der Legitimation der etablierten Ordnung erfüllt, als die Aufrechterhaltung der symbolischen Ordnung direkt zur Aufrechterhaltung der politischen Ordnung beiträgt.

Die Kirche wirkt an der Aufrechterhaltung der politischen Ordnung, d.h. an der symbolischen Verstärkung der Einteilungen dieser Ordnung gerade durch die Erfüllung ihrer eigentlichen Funktion mit, die ja darin besteht, zur Aufrechterhaltung der symbolischen Ordnung beizutragen. Zum einen formt sie nachdrücklich die Praxis wie die Vorstellungen der Laien, indem sie ihnen objektiv an die politischen Strukturen angepaßte Wahrnehmungs-, Denk- und Handlungsschemata aufprägt, die daher diesen Strukturen die in der »Naturalisierung« bestehende höchste Legitimation zu verleihen vermögen. Sie begründet und erneuert die Übereinkunft über die Weltordnung durch die Auferlegung und Einprägung allgemeingültiger Denkschemata und durch die feierliche Bestätigung und Versicherung dieser Übereinkunft in der religiösen Feier oder Zeremonie, einer symbolischen Handlung zweiten Ranges, welche die symbolische Wirksamkeit religiöser Symbole nutzt, um ihre symbolische Wirksamkeit durch die Stärkung des kollektiven Glaubens an eben ihre Wirksamkeit zu steigern. Zum andern bringt sie die eigentümlich religiöse Autorität, über die sie verfügt, ein, um auf genuin symbolischem Terrain die prophetischen oder häretischen Umkehrungsversuche der symbolischen Ordnung zu bekämpfen.

Der spezifischste Beitrag der Kirche (und ganz allgemein der Religion) zur Aufrechterhaltung der symbolischen Ordnung besteht weniger in der Verwandlung in die Ordnung der Mystik[73], als vielmehr in der *Verwandlung in die Ordnung der Lo-*

73 »Das soziale System ist gewissermaßen auf die Ebene der Mystik verlagert, wo es als ein System sozialer Werte geschützt vor jegli-

gik, der sie die politische Ordnung durch die schlichte Tatsache der *Zusammenführung* unterschiedlicher Ordnungen unterzieht[74]: Zu der Wirkung der Verabsolutierung des Relativen und der Legitimation des Willkürlichen kommt es nicht nur durch die Herstellung einer Entsprechung zwischen der kosmologischen Hierarchie und der sozialen oder kirchlichen Hierarchie, sondern auch und vor allem durch die Auferlegung einer hierachischen Denkweise, welche die Ordnungsbeziehungen dadurch »naturalisiert«, daß sie die Existenz privilegierter Punkte im kosmischen wie im politischen Raum anerkennt.[75]

---

cher Kritik und Änderung funktioniert« Meyer Fortes, Edward Evans-Pritchard, *African Political Systems, op. cit.*, S. 16.

74 Kantorowicz zeigt in *The King's Two Bodies* (Ernst H. Kantorowicz, *Die zwei Körper des Königs. Eine Studie zur politischen Theologie des Mittelalters*, München, dtv, 1990), daß die Juristen auf das Problem des Königtums die traditionell auf Christus angewandten theologischen Denkschemata übertragen haben. Damit wirft er auch ein Licht auf die tiefe Einheit des theologischen und des politischen Denkens, wobei die Theologie die Form ist, welche in bestimmten Zusammenhängen die politische Theodizee annimmt: Dies geschieht begünstigt durch Analogien, die auf Homologien zwischen den Feldern (vor allem zwischen der Theologie und dem Recht) beruhen.

75 Die Struktur des zeremoniellen Raumes in der traditionellen Messfeier ließe sich als eine exemplarische Manifestierung dieses Effekts der Konsekrierung von Grenzen identifizieren: Die abgetrennte und erhöhte Stellung des Zelebranten (der die Messe hält, während er der Gemeinde den *Rücken zuwendet*) hebt seine Rolle als *verpflichteter Mittler* zwischen einem fernen Gott und den Gläubigen hervor, die in respektvollem Abstand gehalten werden und im Raum nach Geschlecht, Alter und sogar nach gesellschaftlichem Rang verteilt sind. Diese zweifache »Naturalisierung« der Grenze zwischen dem Priester und den Laien und der Hierarchien zwischen letzteren war so tief im religiösen Zeremoniell und in den Köpfen derer, die daran teilnahmen, verankert, daß innerhalb der Geistlichkeit schon eine besondere Revolution gegen das Monopol des hohen Klerus auf die Organisation religiösen Handelns hat stattfinden müssen, um sie in Frage zu stellen und Veränderungen durchzusetzen, die sich bei den Laien nicht widerstandslos hätten verwirklichen lassen (Möglichkeit für die Laien, das Abendmahl in beiderlei Gestalt zu nehmen; Verwandlung des Altars in einen *Tisch* inmitten der Versammelten usw.).

Es ist bestimmt kein Werk des Zufalls, daß zwei der bedeutendsten Quellentexte der scholastischen Philosophie auf idealtypische Weise sogar in ihrem Titel die Homologie zwischen den politischen, kosmologischen und kirchlichen Strukturen, deren Einprägung die Kirche zur Aufgabe hat, zum Ausdruck bringen: Diese Dionysius Areopagita zugeschriebenen zwei Werke, *Von der himmlischen Hierarchie* und *Von der kirchlichen Hierarchie* enthalten eine emanatistische Philosophie, die eine enge Entsprechung zwischen der Hierarchie der Werte und der Hierarchie der Wesen herstellen, indem sie aus dem Universum das Ergebnis eines Prozesses des Hinabsteigens vom Einen, dem Absoluten, über die Erzengel, die Engel, die Seraphime und Cherubime, den Menschen und die organische Natur bis zur Materie machen. Dieses Symbolsystem, in das sich die aristotelische Kosmologie mit ihrem »unbeweglichen Urantrieb« umstandslos einfügt, der seine Bewegung zunächst auf die höchsten himmlischen Sphären überträgt, von wo sie über eine Abfolge von Stufen bis zur sublunaren Welt des Werdens und Vergehens hinabsteigt, scheint durch eine gewisse prästabilierte Harmonie dazu bestimmt zu sein, eine einheitliche Vorstellung von der »emanatistischen« Struktur der kirchlichen und der politischen Welt zu vermitteln: Jede der Hierarchien – Papst, Kardinäle, Erzbischöfe, Bischöfe, niederer Klerus; Kaiser, Fürsten, Herzöge und andere Vasallen – ist ein getreues Abbild aller anderen, sie ist in letzter Instanz nur ein Aspekt der von Gott eingerichteten kosmischen, also ewigen und unverrückbaren Ordnung. Durch die Begründung einer so vollendeten Entsprechung der unterschiedlichen Ordnungen nach Art des Mythos, der die Verschiedenheit der Welt an einfache und hierarchisierte Gegensatzreihen rückbindet, die ihrerseits wieder auf die anderen zurückführbar sind – das Hohe und das Niedrige, rechts und links, männlich und weiblich, trocken und feucht –, bringt die religiöse Ideologie diese elementare Form der Erfahrung der logischen Notwendigkeit hervor, die das analogische Denken durch das Zusammenführen getrennter Universen erzeugt.

»Die logische Disziplin«, schrieb Durkheim, ist »ein Sonderfall der sozialen Disziplin«.[76] Die implizite und explizite Erziehung läuft darauf hinaus, die Beachtung der »logischen« Disziplinen einzuprägen, etwa derer, die das mythisch-rituelle System oder die religiöse Ideologie und die Liturgie stützen, die rituellen Regeln aufzuzwingen, welche als Voraussetzung für die Wahrung der kosmischen Ordnung und das Auskommen der Gruppe erlebt werden (Naturkatastrophen spielen in bestimmten Kontexten die von politischen Revolutionen innerhalb anderer Kontexte gespielte Rolle) und darauf hinauslaufen, den grundlegenden Verhältnissen der sozialen Ordnung Dauer zu verleihen. Eine der fundamentalen Aufgaben des Rituals besteht also darin, die Vereinigung mytho-logisch getrennter Prinzipien wie des Männlichen und des Weiblichen, des Wassers und des Feuers usw. zu ermöglichen und die bestehenden Teilungen symbolisch zu *institutionalisieren*. Diese symbolische Verdoppelung bewirkt, daß die Überschreitung sozialer Barrieren in ein Sakrileg verwandelt wird, das seine eigene Sanktionierung in sich trägt, wenn es nicht gar den Gedanken der Überschreitung der Grenzen überhaupt undenkbar macht, die so vollkommen »naturalisiert« sind (da sie als Strukturierungsprinzipien der Welt verinnerlicht sind), daß sie nur um den Preis einer mit einer grundlegenden politischen Wandlung (z. B. einer fortschreitenden Erschütterung der feudalen Ordnung) einhergehenden symbolischen Revolution (wie z. B. der kopernikanischen und galileischen Revolution einerseits, der machiavellischen andererseits) beseitigt werden können.[77]

76 *Formen*, S. 39, Fn. 19.

77 Die religiösen Repräsentationen (besonders der Sozialwelt) funktionieren wie Kategorien der Wahrnehmung der Sozialwelt, wodurch sie zur Herstellung dieser Welt, deren Produkt sie ja sind, beitragen. Die Theologen sind gemeinsam mit den Juristen, welche, wie Kantorowicz schreibt, zumindest im Mittelalter häufig auch deren Denkformen übernahmen, die Hauptproduzenten der Wahrnehmungskategorien der Sozialwelt und somit auch der Legitimation der Grenzen zwischen Gruppen. Man kann daher das Paradigma für den *Naturalisierungs*effekt, den jeder symbolische

Die Homologiebeziehung zwischen der Position der Kirche innerhalb der Struktur des religiösen Feldes und der Position der herrschenden Fraktionen der herrschenden Klasse innerhalb des Feldes der Macht und innerhalb der Struktur der Klassenverhältnisse, welche auch dafür verantwortlich ist, daß die Kirche zur Wahrung der politischen Ordnung beiträgt, indem sie zur Wahrung der religiösen Ordnung beiträgt, schließt Spannungen und Konflikte zwischen der politischen und der religiösen Macht keineswegs aus. Diese können trotz der teilweisen Komplementarität ihrer Funktionen bei der Teilung der Herrschaftsarbeit durchaus in Konkurrenz zueinander treten. Im Lauf der Geschichte haben sie (um den Preis von schweigenden Kompromissen oder expliziten, in allen Fällen auf dem Austausch von weltlicher Gewalt gegen geistliche Autorität basierenden Konkordaten) verschiedene Formen von Gleichgewichtszuständen erreicht, die sich zwischen zwei Polen bewegten: der Hierokratie oder der weltlichen Regierung der Priester einerseits und dem Cäsaropapismus oder der totalen Unterordnung der priesterlichen Macht unter die weltliche Macht andererseits.

All das drängt zu der Annahme, daß die Struktur der Beziehungen zwischen dem Feld der Macht und dem religiösen Feld auch die Konfiguration der Struktur der für das religiöse Feld konstitutiven Beziehungen bestimmt. So hat Max Weber in *Das antike Judentum* gezeigt, daß je nach Typ politischer Macht und je nach Typ der Beziehungen zwischen den religiösen und den politischen Instanzen unterschiedliche Möglichkeiten für die antagonistische Beziehung zwischen Priesterschaft und Prophetie gegeben waren: In den großen bürokratisch organi-

---

Durchsetzungsakt bewirkt, in der juristischen Definition des Staatsbürgerschaftsrechts (wir sprechen gewöhnlich davon, einen Ausländer zu »naturalisieren«) als der Grenzziehung zwischen dem Einheimischen, d.h. dem Natürlichen, und dem von außen Gekommenen sehen (Vgl. J. Kirschner, »Paolo di Castro on Cives ex Privilegio. A Controversy over the legal Qualifications for Public Office in Early fifteenth-Century Florence«, in: Anthony Molho, John A. Tedeschi (Hg.), *Renaissance: Studies in Honour of Hans Baron*, Florenz, Sansoni, 1971, S. 229–264).

sierten Reichen wie Ägypten und Rom war die Prophetie aus dem religiösen Feld schlicht ausgeschlossen, das von der Religionspolizei einer Staatsreligion streng kontrolliert wurde. Im Gegensatz dazu konnte die Priesterschaft in Israel nicht auf eine Monarchie zählen, die sich zu einer endgültigen Unterdrückung der Prophetie zu schwach zeigte, welche Unterstützung unter den Notabeln fand und zudem eine lange Tradition hinter sich hatte. In Griechenland findet sich eine Zwischenlösung: Die Tatsache, daß die Freiheit der Prophetie gegeben war, allerdings nur an einem wohleingegrenzten Ort, nämlich dem Tempel von Delphi, zeigt die Notwendigkeit, »demokratisch« mit den Forderungen bestimmter Laiengruppierungen einen Vergleich zu finden. Diesen unterschiedlichen Strukturtypen der Beziehungen zwischen den Instanzen des religiösen Feldes entsprechen zudem Unterschiede in der Form der Prophetie.

Die Fähigkeit, das auszusprechen und zu benennen, was die geltenden Symbolsysteme ins Unausgesprochene und Unbenennbare verweisen, und so die Grenze zwischen Gedachtem und Ungedachtem, Denkbarem und Undenkbarem zu verschieben, eine Fähigkeit, die mit einer hohen Geburt sowie einer *uneindeutigen Zwischenposition* innerhalb der Struktur des religiösen Feldes und der Struktur der Klassenverhältnisse einhergeht, bilden das Ausgangskapital, das es dem Propheten ermöglicht, mobilisierend auf eine genügend mächtige Fraktion von Laien zu wirken, indem er durch sein außeralltägliches Reden und Verhalten symbolisiert, was die gewöhnlichen Symbolsysteme strukturell nicht ausdrücken können, und dies ganz besonders in außergewöhnlichen Situationen. Der Erfolg des Propheten bleibt so lange unverständlich, wie man sich innerhalb der Grenzen des religiösen Feldes aufhält, es sei denn, man greift auf eine wundersame Macht zurück, also auf eine *Schaffung religiösen Kapitals ex nihilo*, wie dies Max Weber in manchen seiner Formulierungen der Charismatheorie tut. Wie der Priester mit der gewöhnlichen Ordnung verbunden ist, so ist es der Prophet in der Tat mit Krisensituationen, in denen die etablierte Ordnung wankt und die Zukunft völlig in der Schwebe ist. Ein prophetischer Diskurs erscheint um so wahrscheinlicher in Zeiten offener oder versteckter Krise, in denen er auf ganze Gesellschaften oder einzelne Klassen ansteckend wirkt, d.h. in den Zeiten, in denen die ökonomischen oder morphologischen Wandlungen im einen oder anderen Teil der Gesellschaft einen Zusammenbruch, eine Aufweichung oder ein Obsoletwerden der Traditionen oder Symbolsysteme hervorrufen, welche die Prinzipien der Weltansicht und der Lebensführung geliefert hatten.

So ist, wie Max Weber beobachtet, »die Schöpfung einer charismatischen Herrschaft [...] stets das Kind ungewöhnlicher äußerer [...] Situationen« bzw. entsteht aus der, »einer Menschengruppe gemeinsamen, aus dem Außerordentlichen geborenen Erregung«.[78] Ebenso bemerkt Marcel Mauss: »Hungersnöte, Kriege riefen Propheten und Häresien auf den Plan; gewaltsame Kontakte griffen sogar die Verteilung der Bevölkerung, die Natur der Bevölkerung an, (im Falle der Kolonisierung etwa) ließ die Vermischung ganzer Gesellschaften notgedrungen gerade neue Ideen und neue Traditionen aufkommen [...]. Man darf diese kollektiven, organischen Ursachen nicht mit dem Handeln von Individuen verwechseln, die deren Interpreten eher als deren Meister sind. Es geht also nicht an, individuelle Erfindung der kollektiven Gewohnheit gegenüberzustellen. Konstanz und Routine können das Ergebnis des Handelns von Individuen sein, Neuerung und Revolution können das Werk von Gruppen, Untergruppen, Sekten oder Gruppen sein, die durch und für Gruppen handeln.«[79] Wilson D. Wallis beobachtet, daß Messias-Figuren in Krisenzeiten auftauchten, in denen der tiefe Wunsch nach einem politischen Wechsel herrschte, und daß auch die messianische Erwartung wieder verschwand, »sobald der nationale Wohlstand wiedererblühte«.[80] Ebenso bemerkt Evans-Pritchard, daß der Prophet, wie es beim Groß-

78 *WuG*, S. 661.
79 Marcel Mauss, *Œuvres, III, Cohésion sociale et divisions de la sociologie*, Paris, Minuit, 1969, S. 333–334.
80 W.D. Wallis, *Messiahs. Their Role in Civilisation*, Washington, American Council on Public Affairs, 1943, S. 182.

teil der hebräischen Propheten der Fall ist, mit Krieg in Zusammenhang steht: »Die hauptsächliche gesellschaftliche Funktion der führenden Propheten der Vergangenheit bestand darin, die Angriffe auf das Vieh der Dinka und die Kämpfe gegen die unterschiedlichen Gruppen von Fremden aus dem Norden anzuführen.«[81]

Schließlich kann man die von Norman Cohn vorgelegte Untersuchung des revolutionären Millenarismus anführen: »Jene Menschen des Mittelalters, auf die der revolutionäre Chiliasmus die stärkste Anziehungskraft ausübte, waren weder die fest mit dem Dorf oder Herrenhaus verbundenen Bauern noch die in Zünften fest verwurzelten Handwerker. Diesen Schichten mochte zeitweise Armut oder Unterdrückung, zeitweise relativer Wohlstand und Unabhängigkeit beschieden sein; sie mochten gegen ihre jeweilige Lage revoltieren oder sich in sie schicken; im ganzen waren sie jedoch nicht geneigt, sich unter irgend einem inspirierten Pseudopropheten an einer hektischen Jagd nach dem Tausendjährigen Reich zu beteiligen. Vielmehr fanden diese Pseudopropheten ihre Gefolgschaften in akut übervölkerten Gegenden in Stadt oder Land. Das traf im zwölften und dreizehnten Jahrhundert auf Nordfrankreich und Flandern ebenso zu wie im sechzehnten Jahrhundert auf Westfalen und Holland; und neue Forschungsergebnisse zeigen, daß dies auch im Böhmen des beginnenden fünfzehnten Jahrhunderts der Fall war. Der revolutionäre Chiliasmus zog seine Kraft aus dem am Rande der Gesellschaft vegetierenden Bevölkerungsüberschuß: Bauern mit gar keinem oder zu wenig Land, um sie zu ernähren, von ständiger Arbeitslosigkeit be-

81 *Op. cit.*, S. 45. Dasselbe gilt auch für die Kabylen, wo die herausragende Funktion des »prophetischen Weisen« (*amusnaw*) in den kritischen Momenten zur Geltung kommt (vgl. Mouloud Mammeri u. Pierre Bourdieu, »Dialogue sur la poésie orale en Kabylie«, *Actes de la recherche en sciences sociales*, 1978, 23, S. 51–66 (dt. »Dialog über die mündliche Dichtung der Kabylei. Ein Gespräch mit Mouloud Mammeri«, in: Louis Pinto u. Franz Schultheis (Hg.), *Streifzüge durch das literarische Feld*, Konstanz, Universitätsverlag, 1997, S. 339–381).

drohte ungelernte Arbeiter und Tagelöhner; Landstreicher und Bettler – also jene amorphe Menschenmasse, die nicht nur arm war, sondern darüber hinaus überhaupt keinen gesicherten und anerkannten Platz in der Gesellschaft finden konnte. Diesen Leuten fehlte der materielle und gefühlsmäßige Rückhalt fest gefügter sozialer Bindungen; ihre Sippengemeinschaften hatten sich aufgelöst, und sie gehörten weder zu einer dörflichen Gemeinschaft noch zu einer städtischen Zunft; und es gab für sie keine reguläre Institution, durch die sie ihren Nöten hätten Ausdruck geben oder ihre Ansprüche hätten verfechten können. Statt dessen warteten sie auf einen Pseudopropheten, der sie zu einer eigenen Gruppe zusammenschloß, die in einer Bewegung besonderer Art, nämlich in einem aus Verzweiflung geborenen und von wilder Begeisterung getragenen Aufbruch ihren Ausdruck fand.[82]

Um endlich mit der Vorstellung zu brechen, wonach das Charisma eine der Natur eines einzelnen Individuums zugehörige Eigenschaft darstellt, müßte man für jeden Einzelfall die soziologisch relevanten Charakteristika der jeweiligen Biographien bestimmen, die bewirken, daß ein bestimmtes Individuum sich *gesellschaftlich* als dazu vorherbestimmt fühlt, mit einzigartigem Nachdruck und besonderer innerer Stimmigkeit die schon im impliziten Zustand bei all seinen Adressaten vorhandenen ethischen oder politischen Stimmungen zu empfinden und zum Ausdruck zu bringen. Man müßte vor allem die Faktoren analysieren, die strukturell doppeldeutige Zwittergruppen, die sich an den Orten großer struktureller Spannungen befinden, an heiklen Positionen und archimedischen Punkten (wie etwa die Schmiede in einer großen Zahl primitiver Gesellschaften, die »proletaroide Intelligentsia« in den millennaristischen oder revolutionären Bewegungen oder – auf einer psycho-soziologischen Ebene – die Individuen mit undeutlichem

82 Norman Cohn, *Das Ringen um das Tausendjährige Reich. Revolutionärer Messianismus im Mittelalter und sein Fortleben in den modernen totalitären Bewegungen*, Bern und München, Francke, 1961, S. 275 f.

Status), zur Übernahme einer Funktion geeignet machen, die ihnen im normalen Funktionszustand der Gesellschaften (etwa die Handhabung der gefährlichen und unkontrollierten Kräfte) oder auch in Krisensituationen (etwa die Formulierung des Unformulierten) obliegt. Es würde so deutlich, daß der Prophet weniger der »außeralltägliche« Mensch ist, von dem Weber spricht, als vielmehr der Mensch außeralltäglicher Situationen, also solcher Situationen, in denen die Hüter der gewöhnlichen Ordnung nichts zu sagen haben, und das aus gutem Grund, da die einzige Sprache, über die sie verfügen, um sie zu denken, die des Exorzismus ist. Da er nur in seiner Person und in seinem Diskurs als exemplarisches Reden das Aufeinandertreffen eines Signifikanten und eines Signifikats verwirklicht, das vor ihm bestand, aber nur in potentiellem und implizitem Zustand, kann er die Gruppen und Klassen mobilisieren, die seine Sprache anerkennen, weil sie sich in ihm wiedererkennen, so die Aristokraten- und Fürstenschichten etwa im Falle Zarathustras, Mohammeds und der indischen Propheten, die städtischen oder ländlichen Mittelklassen im Falle der Propheten Israels. Der Umstand, daß der prophetische Diskurs, wie die wissenschaftliche Untersuchung zeigt, fast nichts enthält, was nicht schon in der früheren priesterlichen oder sektiererischen Tradition vorhanden gewesen wäre, schließt keineswegs aus, daß er die Illusion radikaler Neuheit erwecken kann, etwa indem er bei einem neuen Publikum eine esoterische Botschaft vulgarisiert. Die Krise der gewöhnlichen Sprache erfordert oder autorisiert die Krisensprache und die Kritik der gewöhnlichen Sprache: Die Offenbarung, d.h. der Umstand, zu sagen, was undenkbar, weil nicht sagbar sein wird bzw. war, setzt genau diese Momente voraus, in denen alles gesagt werden kann, weil alles sich ereignen kann. Genau einen solchen historischen Umstand führt C. Vasoli an, um das Aufkommen einer häretischen Sekte im Florenz des ausgehenden 15. Jahrhunderts zu erklären: »Vor allem nach 1480 stößt man auf die zahlreichen Spuren einer starken eschatologischen Gefühlshaltung voller diffuser Erwartungen mystischer Ereignisse, schreckenerregender Wunder, Zeichen und rätselhafter Erscheinungen, welche große Umwälzungen für die menschlichen und göttlichen Angelegenheiten, das kirchliche Leben und das Schicksal der gesamten Christenheit ankündigen. Die Anrufung eines großen Reformators kommt nicht selten vor, ja wird sogar zunehmend lebhafter und nachdrücklicher, damit er kommt, um die Kirche zu reinigen und zu erneuern, um all ihre Sünden zu läutern und sie zu den göttlichen Ursprüngen, zur makellosen Reinheit der evangelischen Erfahrung zurückzuführen [...]. Wir sind nicht erstaunt, daß in dieser Atmosphäre prophetische Thesen aufkommen.«[83] Ein erfolgreiche Prophet ist einer, dem es gelingt, das zu sagen, was in einer dieser Situationen zu sagen ist, welche nach Sprache verlangen, sie jedoch zugleich ablehnen, da sie die Aufdeckung der Unangepaßtheit jeglicher verfügbarer Dechiffrierungsraster erzwingen.

Zur Ausübung der Funktion des Propheten kann es nur in solchen Gesellschaften kommen, die über das Stadium der schlichten Reproduktion hinaus gelangt und sozusagen in die Geschichte eingetreten sind. In dem Maße, in dem man sich von den am wenigsten differenzierten Gesellschaften entfernt, die auch am ehesten dazu imstande sind, ihr eigenes Geschick mittels Ritualisierung (etwa in Form von Agrarriten und Übergangsriten) in die Hand zu nehmen, übernehmen die Propheten, die Erfinder der eschatologischen Zukunft und somit auch der *Geschichte* als einer in die Zukunft gerichteten Bewegung, welche selbst wiederum das Produkt von Geschichte sind, also des von der Krise ausgelösten Bruches mit der zyklischen Zeit, die bis dahin den gesellschaftlichen Mechanismen eingeräumte Rolle der *Krisenritualisierung*, d.h. des kontrollierten Ausagierens der Krise, welches eine Teilung der religiösen Arbeit voraussetzt, die den für die Alltagsordnung Verantwortlichen, den Brahmanen in Indien und den Flamines in Rom, sowie den An-

83 Cesare Vasoli, »Une secte hérétique florentine à la fin du XVe siècle. Les ›oints‹«, in: Jacques Le Goff, *op. cit.*, S. 259.

stiftern zu heiliger Unordnung, den Luperci und Gandharva, *komplementäre* Rollen einräumte.

Nebenbei gesagt sollte nicht unbemerkt bleiben, daß die Stilisierung, die der Mythos vornimmt, in paradigmatischer Form den Gegensatz zwischen den zwei antagonistischen Mächten, der *celeritas* und der *gravitas* darstellt, welcher das Prinzip einer ganzen Reihe von sekundären Oppositionen wie etwa der zwischen dem Diskontinuierlichen und dem Kontinuierlichen, zwischen Schöpfung und Bewahrung, der Mystik und der Religion abgibt. »Die Brahmanen und auch die Flamines repräsentieren mit der priesterlichen Hierarchie, die sie anführen, die *fortdauernde und beständig öffentliche* Religion, in welcher – mit Ausnahme von einem Tag – *das gesamte Leben der Gesellschaft und all ihrer Glieder* stattfindet. Die Luperci sowie die Männergruppe, deren mythische Übertragung die Gandharva zu sein scheinen, stellen genau diese Ausnahme dar; sie unterstehen einer Religion, die nur flüchtig öffentlich oder zugänglich ist [...]. Flamines wie Brahmanen gewährleisten die *heilige Ordnung*, Luperci und Gandharva sind die Akteure einer *nicht weniger heiligen Unordnung*; von den beiden durch sie repräsentierten Religionen ist die eine *statisch, geregelt, ruhig*, die andere *dynamisch, freizügig, gewaltsam*; genau aufgrund dieser Natur kann die zweite nur für *sehr kurze Zeit* herrschen, während eines Zeitraums, der für die *Reinigung, Wiederbelebung und tumultuöse ›Erholung‹* der ersteren nötig ist.«[84] Es genügt, hinzuzufügen, daß die Flamines Trinker und Musiker sind, während die Brahmanen sich berauschender Getränke enthalten, nicht singen, tanzen und musizieren können: »*Nichts Ursprüngliches, nichts, was von Inspiration und Phantasie herrührt*«[85]; »Geschwindigkeit (extreme Schnelligkeit, plötzliches Kommen und Verschwinden, blitzschnelle Angriffe usw.) ist das Verhalten, der Rhythmus, der am besten zum Handeln dieser

84 Georges Dumézil, *Mitra-Varuna. Essai sur deux représentations indo-européennes de la souveraineté*, Paris, Gallimard, 1948, S. 39–40; Hervorhebung durch Pierre Bourdieu.

85 *Ebd.*, S. 45.

gewalttätigen, improvisationsmächtigen, schöpferischen Gesellschaften paßt«, während die öffentliche Religion »ein majestätisches Verhalten, einen *gediegenen Rhythmus* erfordert«[86]; die Luperci und die Flamines bilden einen Gegensatz wie *juniores* und *seniores*, wie leicht und schwer (*guru*); die Flamines »sorgen für den *regelmäßigen* Verlauf einer *andauernden* Fruchtbarkeit ohne Unterbrechung, ohne Unfall«; sie sind zwar imstande, durch ihre Opfer »das Leben und die Fruchtbarkeit zu verlängern«, derart können sie sie jedoch nicht wiederbeleben; die Wunder der Luperci dagegen »machen einen Unfall wieder gut und stellen die unterbrochene Fruchtbarkeit wieder her«[87]; und schließlich können die Luperci und Gandharvas erschaffen, weil sie »*exzessiv*« sind, während die Flamines und die Brahmanen einzig erhalten können, da sie nur »genau« sind.[88]

Wenn es zweifelsfrei keine symbolische Revolution gibt, die nicht eine politische Revolution zur Voraussetzung hätte, genügt die politische Revolution für sich genommen jedoch nicht, die symbolische Revolution hervorzubringen, die nötig ist, um ihr eine adäquate Sprache zu geben, was die Voraussetzung für eine völlige Realisierung ist. »Die Tradition aller toten Geschlechter lastet wie ein Alp auf dem Gehirne der Lebenden. Und wenn sie eben damit beschäftigt scheinen, sich und die Dinge umzuwälzen, noch nicht Dagewesenes zu schaffen, gerade in solchen Epochen revolutionärer Krise beschwören sie ängstlich die Geister der Vergangenheit zu ihrem Dienste herauf, entlehnen ihnen Namen, Schlachtparole, Kostüm, um in dieser altehrwürdigen Verkleidung und mit dieser erborgten Sprache die neue Weltgeschichtsszene aufzuführen.«[89] Solange die Krise ihren Propheten noch nicht gefunden hat, sind die Schemata, in denen sie die verkehrte Welt denkt, noch die Hervorbringung der zu verkehrenden Welt. Dem Propheten ob-

86 *Ebd.*, S. 47.
87 *Ebd.*, S. 52
88 *Ebd.*, S. 53.
89 Karl Marx, *Der achtzehnte Brumaire des Louis Bonaparte*, Frankfurt/Main, Verlag Marxistische Blätter, 1971, S. 15.

liegt es, zur Verwirklichung der Koinzidenz der Revolution mit sich selbst beizutragen, indem er die für die politische Revolution erforderliche symbolische Revolution durchführt. Wenn es stimmt, daß jede politische Revolution nach dieser Revolution der Symbolsysteme verlangt, welche die metaphysische Tradition mit dem Begriff der *metanoia* bezeichnete, so bleibt festzustellen, daß die religiösen Propheten die Mittel zum Denken dieses Undenkbaren, nämlich der Krise, nicht bereitstellen können, ohne zugleich die der religiösen Denkart innewohnende Verleugnung des Politischen durchzusetzen, wodurch sie sich unwissentlich und unwillentlich des *Gedankendiebstahls* schuldig machen, dessen Opfer sie sind.

Mit Weber gegen Weber

Pierre Bourdieu im Gespräch[1]

Frage: Wann haben Sie zum ersten Mal mit Weber Bekanntschaft gemacht? Wenn ich Sie richtig verstanden habe, war das während Ihres Aufenthaltes in Algerien. Was haben Sie damals gelesen?

Pierre Bourdieu: Zuerst die *Protestantische Ethik*. Ich habe damals an einem Buch gearbeitet, das meine Untersuchungen über Algerien zusammenfassen sollte, und in der *Protestantischen Ethik* gab es eine Fülle von Dingen über die traditionelle, vorkapitalistische »Gesinnung«, das Wirtschaftsgebaren, wunderschöne Beschreibungen, die sehr nützlich waren, ziemlich beeindruckend... Ich habe auf Weber zurückgegriffen, um den M'zab zu verstehen, einen Landstrich in der arabischen Wüste, in dem viele Karedschiten leben, Muslime, die sehr asketisch leben, fast »puritanisch«, eine Art »Protestanten des Islam«, eine religiöse Strömung... das war wirklich verblüffend, diese Strenge etwa im Hinblick auf die Sexualmoral, die Selbstdisziplin, und gleichzeitig sind es sehr erfolgreiche, sehr fortschrittlich eingestellte Kaufleute, sehr viele der kleinen Geschäfte in Nordafrika gehören ihnen, ich war erstaunt über diese typisch webersche Verbindung eines religiösen Asketismus und dieser sehr geschmeidigen Anpassung an die neuen Verhältnisse. Übrigens sind diese Leute, wie die calvinistischen Puritaner, im Verhältnis hochgebildet, sie lesen viel, lesen den Koran, fast alle Kinder gehen zur Schule, meist sind sie zweisprachig, arabisch und französisch. In *Travail et travailleurs en Algérie* habe ich

1 Mit Pierre Bourdieu sprachen Franz Schultheis und Andreas Pfeuffer. Aus dem Französischen von Stephan Egger.

dann den typischen algerischen Händler beschrieben, Vorbild waren die Mozabiten...

Frage: Wo hatten Sie die *Protestantische Ethik* her? Ich meine, zu dieser Zeit gab es in Frankreich keine Übersetzungen Webers...

P. B.: Gar nichts. In den Bibliotheken gab es nicht einmal die deutschen Ausgaben, ich habe mir dann das Buch von einem Freund kommen lassen und mich ziemlich eingehend damit beschäftigt, ich habe deutsch gelernt, ganze Abschnitte übersetzt. Was später dann an französischen Übersetzungen vorlag, hat mir dabei nicht sehr geholfen, der deutsche Text schien mir vielsagender, genauer... Und die ersten verfügbaren Übersetzungen, gerade die *Gesammelten Aufsätze zur Wissenschaftslehre*, vermittelten eine ziemlich verzerrte Vorstellung vom Werk Webers...

Frage: Wie sind Sie überhaupt zu Weber gekommen?

P. B.: Ich kannte das von Merleau-Ponty, aus den *Abenteuern der Dialektik*, die mich tief beeindruckt haben, mir war das in meiner Jugend sehr wichtig, und es gab da ein kleines Kapitel, in dem er von Weber spricht, ich glaube, das war das erste Mal, daß ich von Weber hörte...

Frage: Wie ging es dann weiter, nach Algerien? Damals wurden Sie ja Assistent von Raymond Aron, der Weber in Frankreich bekannt gemacht hat, auf seine Art...

P. B.: Zunächst kam ich erst einmal nach Lille und habe dort diese seltsame Art von Vorlesungen gehalten, die Geschichte des soziologischen Denkens, Marx, Durkheim, Weber, Pareto, ungeheuerlich, eine wahnsinnige Arbeit... Dann habe ich Aron kennengelernt, das ist richtig, und diese Wertschätzung Webers gab es bei uns beiden... bis ich dann feststellte, daß der Weber, um den es mir ging, ein anderer war als der von Aron... an der Sorbonne habe ich dann Webers Schriften zur Wissenschaft behandelt...

Frage: War das *Wissenschaft als Beruf* oder die *Wissenschaftslehre*?

P. B.: Die *Wissenschaftslehre...* das war er, der »neukantianische« Weber Arons, die Möglichkeitsbedingungen des »Verstehens« und all das... die ganze Arbeit von Aron breitet das aus, aber damals war das ganz natürlich, die ganze rationalistische Tradition der französischen Philosophie, Aron als Schüler von Brunschvicg, das war sein Weber, die *Religionssoziologie* kannte er kaum, auch nicht die *Wirtschaftsethik der Weltreligionen...* Ich hatte das schon während meiner Zeit in Lille gemacht und vieles übersetzt, die Einführung aus der *Protestantischen Ethik*, auch etwas aus der *Wissenschaftslehre*, danach dann Abschnitte aus der *Religionssoziologie...* Jedenfalls war schnell klar, daß Aron und ich eine ganz andere Sicht der Dinge hatten... mein Weber stand gegen den von Aron... Erstaunlich, daß Aron selbst *Wirtschaft und Gesellschaft* kaum kannte...

Frage: Als ausländischer Beobachter hat man manchmal den Eindruck, daß es zwei »Weber« gab, zwei Logiken der Rezeption, einen konservativen Weber gab, der von Aron schon eingeführt worden war, vielleicht ist das etwas zu übertrieben, aber einen Weber gegen Durkheim... Weber scheint jedenfalls beeindruckender gewesen zu sein als Durkheim... Wie konnte es geschehen, daß sich Durkheim durch diese Lesart Webers so leicht in den Schatten stellen ließ?

P. B.: Das alles ist nicht so leicht zu erklären... jedenfalls dann nicht, wenn man die Kämpfe im intellektuellen Feld vergißt, die sich damals in Frankreich abgespielt haben. Was Durkheim angeht, mein Eindruck ist... hinter Weber spürt man die ganze Größe der deutschen Philosophie, Kant und andere, Weber scheint da viel »aristokratischer« als Durkheim, den man immer als »Positivisten« gescholten hat... Weber war viel anziehender... Bei Weber gibt es das »Charisma«, da ist ein Unterschied... Durkheim, das ist die Ethnologie, das Primitive... Weber schreibt über die Weltreligionen, die Hochkulturen, »Charisma« und »Manna«, ein Gegensatz, der vielleicht dazu beigetragen hat, sich eher von Weber begeistern zu lassen, Weber ist weniger »schulmeisterlich«, weniger »prosaisch«... Und dann war es so, daß nach dem Krieg der Existenzialismus und die Phänomenologie in den intellektuellen Kreisen eine ungeheure Wirksamkeit entfalteten, Sartre und alles, was danach kam... eine Rückkehr zum »Eigentlichen«, die sich gegen die rationalistische Schulphilosophie wendete, die mit Sartre gleichzeitig ein Modell des Intellektuellen überhaupt ins Spiel brachte, das bis heute fortwirkt... ein gewisser *radical chic*, der dann auch mit der Wiederentdeckung von Hegel und Marx, mit einem regelrechten *boom* des Marxismus zusammenfiel... Wenn man Weber damals als »Konservativen« gebrandmarkt hat, dann als jemanden, auf den sich die damalige Orthodoxie bezog, der »methodologische Individualist«, die »bürgerliche Philosophie«... Die völlige Unkenntnis des Werkes hat die französischen Intellektuellen nie daran gehindert, Weber zu verurteilen. Im Namen von Marx sah man in Weber – der irgendwo sagt, wenn es um den Primat des Ökonomischen gehe, dann sei er Marxist – als den Verfechter einer spiritualistischen Philosophie der Geschichte, dahinter stand eine ziemlich platte Deutung der *Protestantischen Ethik*... Wenn sich die Orthodoxie dann nur auf die *Wissenschaftlehre* bezog, was blieb noch von Weber? Für die Philosophen der »Existenz« war er ja »nur« Soziologe... Bei den Marxisten jedenfalls, und das glaubten damals sehr viele zu sein, war Weber völlig unmöglich. Ich erinnere mich an Gespräche, Anfang, Mitte der sechziger Jahre, ich hatte damals oft gesagt, daß es kaum möglich sei, Soziologie zu betreiben, ohne Weber zu kennen, und das wurde dann zwar immer wieder bestätigt, »sicher, sicher, Weber ist ungeheuer wichtig«, aber als es darum ging, über das Werk zu sprechen, stellte sich schnell heraus, daß man fast nichts davon kannte. Auch Althusser hat das bestätigt, von Weber werde bei den Marxisten nicht gesprochen, und auch er hatte ihn nicht gelesen. Weber galt als »Rechter«, natürlich auch, weil ihn Aron in Frankreich eingeführt hatte, nicht wegen der Dinge, die er sagte... das hat mich verrückt gemacht, es waren doch gerade seine wunderbaren Beobachtungen, die mich so gefesselt hatten... Ich sagte mir, ich bin doch kein Rechter, Weber, das ist einfach gut...

Frage: Die damaligen Kämpfe im intellektuellen Feld, zwischen der akademischen, der traditionell rationalistischen Orthodoxie und der »existenzialistischen«, intellektuellen Avantgarde haben immer wieder versucht, politische Selbstbekenntnisse aufzurufen...

P. B.: Dabei sind das völlig unsachliche Entgegensetzungen... Ich glaube, daß man gleichzeitig *mit* einem Denker und *gegen* ihn denken kann. Das bedeutet, radikal der klassifikatorischen, und das heißt der politischen Logik zu widersprechen, in der man fast überall die Beziehungen zu den Gedanken der Vergangenheit herstellt. »Für Marx«, wie Althusser es wollte, oder gegen Marx... Ich glaube, daß man mit Marx gegen Marx denken kann, oder mit Durkheim gegen Durkheim, und sicher auch mit Marx und Durkheim gegen Weber und umgekehrt... Es liegt nicht an meiner Vorliebe für das Paradoxe, wenn ich sage, daß Weber die marxschen Absichten auf Gebieten verwirklicht hat, auf denen Marx sie nicht einlösen konnte. Das gilt insbesondere für die Religionssoziologie, die sicher nicht zu Marxens starken Seiten gehört. Weber entwirft da eine echte »Politische Ökonomie der Religion«, eine erstaunlich materialistische Sicht des Phänomens, ohne ihm seinen eigentümlich symbolischen Charakter zu nehmen. Wenn er etwa sagt, daß sich die Kirche wesentlich als »Monopol« auf legitime Spendung von »Heilsgütern« darstelle, dann setzt er, jenseits einer platten ökonomistischen Metaphorik, außerordentliche Erkenntniswirkungen in Gang...

Frage: Und die »rechte« Orthodoxie...

P. B.: Als ich meinen ersten Beitrag zu Webers Religionssoziologie für die *Archives européennes de sociologie* schrieb, gab es einige Schwierigkeiten, das war ja dem *Archiv für Sozialwissenschaft* nachempfunden, und es gab dort einen Fetischismus um den großen Denker Weber, in der Redaktion waren Leute wie Aron, Crozier, Dahrendorf, ich gehörte nicht dazu, das war eine etwas konservative Zeitschrift, aber ich hatte nun einmal den Artikel, doch Aron sagte mir, das können Sie so nicht veröffentlichen, ich bin damit nicht einverstanden, er sagte tatsächlich, ich würde aus Weber einen »Linken« machen, und ich antwortete ihm, wenn ich von einer Theodizee des Privilegs spreche, dann sei das Weber, nicht ich, zwischen den Anführungszeichen ist alles Weber... Ich habe nur Dinge beim Namen genannt, die man nicht sehen wollte... Aron hat den Beitrag letztlich dann doch durchgehen lassen, und einige Zeit nach der Veröffentlichung erhielt ich einen langen, begeisterten Brief von Randall Collins, in dem er schrieb, ich hätte Weber den Konservativen entwunden, einen getreueren Weber gezeigt, und wie wichtig das für die Soziologie sei... Übrigens hat mich Aron damals vor allem Durkheim unterrichten lassen, nie Weber, ich hätte viel lieber über Weber gesprochen...

Frage: Wenn man also diesen Weber unter der Überschrift »Herrschaftssoziologie« faßt, im weiten Sinne...

P. B.: Völlig richtig...

Frage: Sie finden sich in diesem Begriff wieder...

P. B.: Sicher, weshalb sollte ich nicht... Als ich damals diese Vorlesung in Lille gemacht habe, ausgehend von Marx, über Durkheim, Pareto, Weber, immer wieder im Verhältnis zu Marx... mir scheint, ohne das überbetonen zu wollen, der Gründungsaufruf für alle diese Denker geht von Marx aus...

Frage: Wenn man Durkheim und Weber nimmt, die sich geflissentlich übergangen haben, obwohl es da doch viele Gemeinsamkeiten gibt, bei beiden steht die Religion im Vordergrund... Wie sehen sie diese Schlüsselstellung der Religionssoziologie bei der Geburt der Soziologie überhaupt, die Sozialwissenschaften entstehen ja zu einer Zeit, als die »Entzauberung« der Welt offenbar wird...

P. B.: Da gibt es viele Beziehungen... Aber um das noch einmal festzumachen, zumindest bei Weber sieht man es sehr deutlich, und das hat mich auch am meisten beeindruckt... die Bezugnahme auf Marx, Weber will eine der Lücken des Marxismus schließen, in der *Protestantischen Ethik* sagt er sinngemäß, er wolle nicht behaupten, daß dies alles erkläre, sondern nur ein Bild zurecht rücken, das der Marxismus viel zu schlicht gezeichnet hatte... Es geht Weber um die Wiedergewinnung der symbolischen Dimension, nicht als erste und einzige, sondern um ihren rechtmäßigen Platz in der Geschichte. Nicht zuletzt deshalb spielt die Religion eine so entscheidende Rolle, die Religion als das Symbolische *par excellence*, Weber erkundet das Symbolische, versucht sich an einer materialistischen Theorie des Symbolischen...

Frage: Mir scheint, wir sind an eine Stelle gelangt, an der Sie vielleicht ein wenig ausführen könnten, was Ihre eigenen Arbeiten zur Religionssoziologie ausmacht... Weber hat da ja entscheidende Bedeutung, der Beitrag, den sie für die *Archives européennes* geschrieben haben, dreht sich ganz um Webers Religionssoziologie... In Ihrer zweiten Arbeit zur Religion haben Sie dann den Begriff des Feldes zum ersten Mal eingehend dargelegt, ist Weber eine Art »Sprungbrett« dafür gewesen?

P. B.: Zunächst hatte ich Weber in Algerien kennengelernt, die *Protestantische Ethik*, ich hatte dort viele Dinge gefunden, die mir sehr dabei halfen, solch traditionelle Gesellschaften zu verstehen... Als ich aus Algerien zurückkam, war Weber jedenfalls jemand, dem schon meine Aufmerksamkeit galt, und dann begann ich zu unterrichten, Webers *Religionssoziologie* aus *Wirtschaft und Gesellschaft*... Ich erinnere mich, daß sich während der Vorlesung dann alles fast wie von selbst ergab, als es darum ging, die verschiedenen religiösen »Berufe« abzuhandeln und einander gegenüber zu stellen, den Priester, den Propheten, den Zauberer und die Laien, ich habe ein Schaubild an die Tafel gezeichnet und versucht, ihre Beziehungen besser zu fassen, was tut der Priester mit dem Zauberer, mit dem Propheten, er exkommuniziert sie, was macht der Prophet mit dem Priester, er bedroht ihn mit der Macht der »Außeralltäglichkeit«, das gab dann schnell ein Modell von Interaktionen, das sehr einleuchtend war, es waren die Beziehungen untereinander, als solche, die den jeweiligen »Typus« ausmachten... Auf eine Art war Weber sicher der Anstoß dazu... allerdings hatte ich schon früher ein Seminar an der *Ecole normale* gemacht, in dem es um das literarische Feld ging, ich hatte damals schon den Feldbegriff verwendet, um einige Schwierigkeiten besser in den Griff zu bekommen, aus diesem Seminar ging dann der Artikel *Champ littéraire et projet créateur* hervor, der in den *Temps modernes* erschien, in einer Nummer über den Strukturalismus, aber letztlich war das noch nicht wirklich »strukturalistisch«... Erst später dann, während des Kurses über Webers *Religionssoziologie*, fiel es mir fast wie Schuppen von den Augen: das läßt sich nicht interaktionistisch denken, das sind objektive Relationen, eine objektive Struktur, die den Untergrund für das »typische« Handeln der Beteiligten abgeben... Als ich dann *Das Antike Judentum* las, wurde alles noch deutlicher... Jedenfalls entstand zu dieser Zeit die erste Arbeit zur Religionssoziologie, es war ein gewisser Bruch, ein Fortschritt gegenüber dem ersten Versuch, dem *Champ littéraire*...

Frage: Hat dabei der Begriff des »Habitus« eine entscheidende Rolle gespielt?

P. B.: Weniger... den gibt es bei allen großen Soziologen, bei Durkheim, bei Mauss... Bei Weber ist der Begriff selbst nicht sonderlich ausgearbeitet, aber dafür findet man dort eine ungeheure Fülle eindringlicher Beschreibungen, gerade im Hinblick auf traditionelle Wirtschaftshaltungen, für Algerien war das eine echte Fundgrube...

Frage: Aber Weber war der Anstoß zur Entwicklung des Feldbegriffes?

P. B.: Nicht ganz, der Begriff mußte sich ja, erst ausgehend von Weber, gleichzeitig gegen Weber richten, über ihn hinausweisen, wenn er die Schwierigkeit bewältigen sollte, ein »typisch« aufeinander bezogenes Verhalten zu erklären, das sich auch ohne wirkliche »Interaktionen« einstellt... Bei Weber gibt es diesen Begriff nicht, was es aber gibt, sind wieder diese eindringlichen »Charakterstudien«... und am Ende eines jeden Abschnitts der *Religionssoziologie* eine Art Entwurf der Beziehungen zwischen den »Berufen«, nicht »strukturalistisch«, aber...

Frage: ...eine Inspiration...

P. B.: Ganz ohne Zweifel... ich fand Weber immer anregend und wichtig... Aber meine Arbeit hat sich von Beginn an mit allen möglichen »Quellen« auseinandergesetzt. Wenn man mich oft nach der Entwicklung dieser Arbeit fragt, dann kann ich das nicht genug hervorheben. Meist verkürzt man das »bourdieusche Denken« auf einige wenige Schlüsselbegriffe, meist sogar nur ein paar Buchtitel, und das führt dann zu einer Art Schließung: »Reproduktion«, »Distinktion«, »Kapital«, »Habitus«, dies alles wird oft mißbräuchlich verwendet, ohne richtig zu verstehen, was eigentlich dahintersteht, es werden *slogans*... Dabei sind diese Konzepte, diese Denkschemata nur Prinzipien der wissenschaftlichen Arbeit, meist ganz praktischer Natur, synthetische oder synoptische Begriffe, die Forschungsprogramme, wissenschaftliche Orientierungen verdichten. Das Entscheidende ist letztlich die Arbeit selbst, am Gegenstand... Natürlich muß man mit diesen Dingen behutsam umgehen, aber ohne eine respektvolle Freiheit gegenüber solchen Konzepten bewegt sich nichts... Ich versuche dauernd, an meiner Arbeit Verbesserungen vorzunehmen, oft wird das als endlose Wiederholung verstanden, für mich sind das oft ungeheuer wichtige Änderungen, und scheinen sie auch noch so unbedeutend... Was dabei die »Quellen« angeht, vielleicht mag das verwundern, aber ich gehe da tatsächlich eklektisch vor, ich bin ein »reflektierter Eklektizist«. Es gibt für mich nicht notwendig einen Widerspruch, von überall her etwas zu »borgen«, von Marx zu Durkheim über Weber, wenn das alles zu einer theoretischen Kohärenz führt, die heute von den Postmodernisten einfach als »totalitär« gegeißelt wird. Im übrigen bedeutet dieser »Eklektizismus« nicht Wahllosigkeit. Wenn wir etwa Norbert Elias nehmen, mir scheint, daß er von vielen deshalb »überdeutet« wird, weil eben nicht deutlich genug ist, wieviel dieser Denker anderen schuldet, vor allem Weber, vieles bei Elias ist einfach ein Kommentar zu Weber... und trotzdem bleibt das alles sehr anregend. Es gibt kaum eine Untersuchung von mir, die nicht in irgendeiner Weise anderen etwas schuldete, aber das besagt doch nicht, daß damit gar nichts geleistet wäre... Zu den Verdiensten, die ich mir wirklich anrechne, gehört der Versuch, diese theoretischen Auseinandersetzungen, die oft zu einer bedauerlichen Unfruchtbarkeit der Wissenschaft führen, als gesellschaftlich »gemachte« Gegensätze zu verdeutlichen... Bachelard hat hier von »epistemologischen Paaren« gesprochen, die ohne einander nicht sein können und gleichzeitig einen echten wissenschaftlichen Fortschritt verhindern... Der Gegensatz von Marx und Weber etwa ist meist ein ziemlich künstlicher, und nichts verbietet es, ihren Beitrag zusammenzuführen. Das gleiche gilt für Durkheim und Weber. Wir brauchen diese konzeptionelle Integration, wie sie jede fortschrittliche Wissenschaft zustande bringt...

Frage: Bleiben wir bei diesen dreien, Marx, Durkheim, Weber... wo sehen Sie da die Errungenschaften, die Sie in Ihrer Religionssoziologie und von dort ausgehend im Begriff des »Feldes« weitergeführt haben?

P. B.: Wie schon gesagt, die Religion ist sicher nicht das *forte* des marxschen Werks... sondern der materialistische Ansatz überhaupt, an dem sich dann gerade Weber abgearbeitet hat... Bei Durkheim ist die Stoßrichtung eine andere, die Religion ist dort der Bereich, an dem sich wie nirgendwo sonst Zugang und Anspruch der Soziologie zeigen lassen, wo das scheinbar am weitesten Auseinanderliegende zusammengeführt wird, das Materielle und das Symbolische, die Entsprechung von sozialen und mentalen Strukturen, kollektiven Repräsentationen... Und bei Weber schließlich... Weber geht es in der *Protestantischen Ethik* um die Rettung des Symbolischen für eine materialistische Sicht der Geschichte, und seine *Religionssoziologie* trägt dann die konkreten Formen der »religiösen Arbeit« beispielhaft zusammen... manchmal ein wenig zu konkret, aber gerade die Gegenüberstellung dieser »Typen« zeigt sehr plastisch, worum es eigentlich geht, die Einsätze in den Kämpfen um das Monopol der legitimen Verfügung über die Heilsgüter... Im Übrigen ist es gerade dieser konkrete, manchmal brutale Materialismus Webers, sein Bruch mit der *illusio*, von dem so außerordentliche Erkenntniswirkungen ausgehen...

Frage: Durkheim und Weber zeigen also jeder auf seine Weise im Reich der Vorstellungen, das so »weltfern« scheint, die »weltliche« Bedingtheit unseres Denkens und Handelns auf... Bietet sich das religiöse Feld auch deshalb so sehr für die Soziologie an, weil dort dieser Sprung des Materiellen ins Symbolische, in eine »Theodizee der Daseinsbedingungen« in so reiner, ursprünglicher Gestalt auftritt?

P. B.: Natürlich ist dort der »Grenznutzen« gewaltig, hier sieht man die primitive Form der Kapitalakkumulation, in jedem Fall der Akkumulation symbolischen Kapitals. Ich denke, das ist die Art, wie sich Kapital zu akkumulieren beginnt, zunächst in symbolischer Form, um sich dann in andere »Sorten« umtauschen zu lassen, das ist auch der Beginn der Konflikte, die für ein Feld dann wesentlich werden...

Frage: ...und dann andere Herrschaftsbeziehungen in sich aufnehmen. Wenn man das Sakrale und das Profane als Gegensatz nimmt, in Ihren Arbeiten zu einzelnen Feldern der Kulturproduktion scheint dieser »klassische« Antagonismus immer wieder aufzutauchen, eine durchgehende Semantik...

P. B.: Das religiöse Feld liefert tatsächlich das heuristische Modell *par excellence* dieser Zusammenhänge, eine Art realisierter »Idealtyp« des Feldes... ich erinnere mich, daß ich während meiner Arbeiten zu Weber auf ein Buch gestoßen bin, ganz zufällig, bei Freunden, sie besaßen eine alte Bibliothek, dort sah ich dies Buch, eine »Führung« durch Paris, zusammengestellt aus Texten berühmter französischer Schriftsteller, eingeleitet von Hugo, da gab es ein Kapitel von Sainte-Beuve über die Akademien, und dort hieß es, die Akademien, das ist wie die Kirche und die Propheten, eine Metapher, die Menschen bedienen sich spontan dieser Metaphern, es war die Rede von »Verkrustung«, solche Dinge, »Veralltäglichung«... dieser Gegensatz ist sehr mächtig, in den Kämpfen der Kunst, der Politik, nicht immer ausgearbeitet, aber er ist da...

Frage: Bedeutet das auch, daß wir in der Religion ein substantielles Paradigma vor uns haben... genauer gefragt, wie sehen Sie den »Gegenstand« Religion, wo entspringt Religion, gibt es ein religiöses »Bedürfnis«, von dem Schleiermacher gesprochen hat, einen »Willen zum Glauben«, eine Art anthropologische Grundhaltung?

P. B.: In meinem zweiten Beitrag zum religiösen Feld habe ich dazu etwas gesagt... Das ist natürlich nicht leicht, die Frage ist allerdings, ob eine Antwort darauf überhaupt von Bedeutung ist... was war zuerst, das »Bedürfnis« oder die Welt, die uns schließlich, auf ihre Art und Weise, in der von ihr verfügten Ordnung, dieses Bedürfnis einpflanzt... Mir genügt jedenfalls die webersche Definition: Religion ist eine systematische Antwort auf die Frage nach Leben und Tod, das ist doch eine schöne Definition, natürlich gibt es »existentielle« Fragen, bei denen man aber die »transzendentalen«, also die kollektiven Bedingungen des Transzendenten mitdenken sollte, Fragen über Leben und Tod, den Tod von Menschen, die wir lieben, »letzte« Fragen, Krankheit, menschliches Leiden... Fragen, auf die die Menschen nie allein Antwort finden, die Religion gibt diese systematischen Antworten auf letzte Fragen, oder besser gesagt: quasi-systematische Antworten, nicht systematisch wie etwa in der Logik... sie verleiht den »diskontinuierlichen« Ereignissen unseres Lebens Kohärenz, einer abstrakten Kontingenz konkrete Kohärenz, darin ähnelt sie der Philosophie, eine »totale« Welterklärung...

Frage: ...die unter der »Macht der Verhältnisse« zertrümmert wird, wie wir sie heute vorfinden... Weber ist hier noch radikaler als Marx...

P. B.: ... und er hat Recht! In Algerien ist mir das sehr anschaulich geworden, Menschen, die in einem religiösen Universum lebten, und nun mit einem ökonomischen Universum konfrontiert wurden, plötzlich mußten allaugenblicklich schwierige Fragen gelöst werden, auf die die Religion fertige Antworten gab: soll ich eine Krawatte tragen, und wenn ich eine trage, unterwerfe ich mich dann den Kolonisatoren, oder der Haarschnitt, wenn ich den hergebrachten Haarschnitt trage, sehe ich dann nicht aus wie einer »von gestern«. Der türkische Haarschnitt war da eine Lösung, die Türken gehörten seit Atatürk zu den »Modernen«, gleichzeitig war es gemäß einer islamischen Tradition... aber letztlich macht in einer solchen historischen Situation alles Schwierigkeiten, alles wird zum Problem...

Frage: ... die Berührung mit einer fremden Kultur...

P. B.: Genau. Es deutet alles darauf hin, daß die großen philosophischen Revolutionen aus solchen Situationen entstanden sind, in den griechischen Gesellschaften, die großen Auseinandersetzungen darüber, was durch Natur ist oder durch Gesetz, das taucht dann auf, wenn die Menschen, letztlich Stämme, die unterschiedliche Gesetze haben, einander begegnen. Wenn die einen dies oder jenes so handhaben, die anderen aber anders, dann tauchen Zweifel auf, es ist nicht mehr notwendig so. Ich habe Gesellschaften gesehen, in denen keine der Verhaltensweisen nicht mit der Macht der Wahrheit gesegnet gewesen wäre, und plötzlich kommen andere, die es nicht nur anders machen, sondern nicht einmal die Vorstellung davon haben, wie »wahr« das ist... Traditionelle Gesellschaften haben keine Vorstellungen von anderen Traditionen...

Frage: Wie bei uns...

P. B.: Wie bei uns... es gibt Dinge, die ändern sich kaum... Wenn aber plötzlich Leute kommen, deren Verhalten, deren »Selbsthandhabung« anders ist, dann tauchen die Philosophen auf, es gibt dann diejenigen, die sagen, nein, es muß bleiben, wie es war, und dann andere, die sagen, nein, das ist willkürlich... der Ursprung der Philosophie... In solchen Situationen sind Religionen sehr wichtig, weil sie einem sagen, so und so muß es gemacht werden, eine selektive Praxis bis in die kleinsten Dinge hinein, die dann eine ungeheure Bedeutung bekommen... Wenn man keine Kopfbedeckung trägt, läuft man Gefahr, erschlagen zu werden, und das ist keine Anekdote...

Frage: ...weil man einer Art »soziologischem Bewußtsein« Raum gibt... Man zerrt religiöse Symbole, die einen abstrakten Charakter besitzen, ins Licht der sozialen Beziehungen, bringt sie in einen »soziologischen« Zusammenhang...

P. B.: Genau. Ich habe die Religion, vielleicht ist das eine etwas verkürzte Definition, aber ich habe sie beschrieben als Verhältnisse von Gefühlen, die gelebt werden müssen, von Bedeutungen, die Bedeutung haben. In Algerien war das besser, als mit der Qual zu leben, »gelebt« zu werden...

Frage: ...eine Theodizee der »negativ Privilegierten«... Es ist um so erstaunlicher, daß dieser Herrschaftsaspekt, der ja bei Weber überall durchdringt, in Deutschland kaum zu einer »linken«, einer kritischen Lesart Webers beigetragen hat...

P. B.: Vielleicht liegt es eben daran, daß ich als »Fremder« weniger Bedenken hatte... der Tanz der Autochthonen um ihre großen Ahnen wird mit sehr viel mehr Verbissenheit veranstaltet... aber ich bin kein Exeget, ich wollte nicht die »Wahrheit« über Weber sagen, das ist nicht meine Arbeit, ich verstehe mich als Forscher, ich suche nach Denkanstößen, nach »Handwerkszeug« für die Forschung... Weber kann Dummheiten von sich gegeben haben, aber was ich gelesen habe, ist klug... oder zum Beispiel Simmel, nicht unbedingt ein »großer« Denker, aber da gibt es aufregende, eindringliche Sachen, Gedankenstücke, ich nehme solche Angebote gerne an... solange der Mensch kein Monster war... man hat mir gesagt, Weber sei ein Konservativer, das hat mich nicht sonderlich beeindruckt, was ich von ihm gelesen hatte, über die ostelbischen Bauern etwa, das war in einem Kontext geschrieben, der Anlaß hätte geben können, ihn »konservativ« zu lesen, vor dem Hintergrund der politischen Geschichte, aber mir schien das ziemlich fortschrittlich... Ich kannte damals diese Dinge nicht sonderlich gut, das war nicht meine Geschichte, wenn ich Deutscher gewesen wäre, hätte das vielleicht anders ausgesehen... ich hätte Webers Stellung in der akademischen, in der politischen Welt besser einschätzen können... aber gut, das gab mir eine Freiheit, die sich viele deutsche Soziologen nicht so einfach nehmen konnten... Im Übrigen, als ich nach Jahren aus Algerien zurückkam, war ich ja auch in Frankreich ein wenig fremd, die klassifikatorische Inbrunst, mit der dort die Kämpfe innerhalb des intellektuellen Feldes ausgetragen wurden, das war nach allem, was ich erlebt hatte, nicht in dem Maße nachvollziehbar... Eine andere Sache, die mich an Weber immer beeindruckte... die ungeheuerlichen Freiheiten, die er sich in der gelehrten Welt herausgenommen hat, Max Weber hat in *Wissenschaft als Beruf* ganz außerordentliche Dinge gesagt, von einer fast gewalttätigen Offenheit... als ich vom CNRS für meine Arbeit ausgezeichnet werden sollte, habe ich in meiner Rede einige Sätze von Weber zitiert, die derart brutal waren... danach haben mir Leute gesagt, das ist unglaublich, was Sie da von sich gegeben haben, so etwas können Sie nicht sagen, in Gegenwart all der Würdenträger, des Ministers, des Direktors der *Ecole normale*, des *Collège de France*, all meiner Kollegen... Sätze von einer solch schonungslosen, gewalttätigen Offenheit, unglaublich, daß Weber das damals tatsächlich ausgesprochen hat... In der gelehrten Welt gibt es viele Leute, die sich ziemlich revolutionär gebärden, wenn es um Dinge geht, die sie nicht selbst betreffen, und konservativ, wenn man zum Eingemachten kommt, mich jedenfalls haben diese Vorträge sehr berührt, ich habe sie mit Leidenschaft gelesen, früher kannte ich den kulturellen Hintergrund nicht besonders gut, erst als ich über Heidegger gearbeitet hatte, wurde mir vieles klar, ich konnte besser verstehen, was das damals bedeutete, solche Dinge zu sagen, und ich bewundere Weber dafür mit jedem Mal mehr, das war wirklich sehr mutig...

Frage: ...Weber hat seinem eigenen »Stand« Wahrheiten an den Kopf geworfen...

P. B.: ...ungeheuer radikal... man wird oft als Rechter beschimpft, wenn man die Wahrheit über die »Linken« sagt... Ich habe schon früh darauf hingewiesen, daß die Intellektuellen die Beherrschten unter den Herrschenden sind, das war undenkbar, die Intellektuellen waren aus dem Spiel, großartig, frei, uneigennützig, schöpferisch, alles, was man will... Vielleicht auch deshalb das Etikett des »Rechten«, Weber sagt Dinge über die

Intellektuellen... denn in seinen Schriften, was ist da »konservativ«?

Frage: ...bei der Rezeption von Nietzsche in Frankreich hat der »Kontext« eine sehr viel geringere Rolle gespielt, eher im Gegenteil...

P. B.: Was für Durkheim im Verhältnis zu Weber gilt, ähnelt der Wahrnehmung des Verhältnisses von Weber und Nietzsche. Der eignet sich viel besser für großangelegte philosophische Gemeinplätze... Wenn der erkenntnistheoretische Metadiskurs, in den man auch Weber eingereiht hat, lange Zeit, vielleicht bis heute, die wissenschaftliche Praxis vernebelt hat, Webers außerordentliches Bemühen, eine historische Soziologie oder soziologische Geschichte der Religion, der Ökonomie, des Rechts zu umreißen, dann steht das »Charisma« Webers, dieses »Wunders« der deutschen Universität, einiges hinter dem philosophischen Autodidakten Nietzsche zurück, Nietzsche umgibt viel mehr *radical chic*... in Frankreich übrigens noch mehr als in Deutschland selbst... Weber, der nicht nur für mich eine Art intellektueller Schock gewesen ist, hat diese Wirkung gerade deshalb ausüben können, weil hinter seinen Fragestellungen ein ganzes Universum weltumspannender Kenntnisse über alle möglichen Kulturen steht, Weber, das ist die Mensch gewordene komparative Methode... mit all ihren sozialen Voraussetzungen... jedenfalls verweist Weber auf eine reflektierte wissenschaftliche Praxis, mit der die französische Nachkriegsphilosophie sich nie abgeben wollte... man konnte sich auf Hegels *Grundlinien der Philosophie des Rechts* beziehen oder auf die *Genealogie der Moral*, aber auf Weber? Dabei geht Weber in mehr als einer Hinsicht weit darüber hinaus...

Frage: ...vielleicht gerade noch eine Frage zum Verhältnis von Weber und Nietzsche. Es gibt in der letzten Zeit eine ganze Reihe von Arbeiten, die Weber sehr viel stärker vor diesen Hintergrund gestellt haben, eine »Zeitstimmung«, die nicht zuletzt von Nietzsche geprägt war, der Eindruck Nietzsches auf Weber scheint hier ganz wesentlich...

P. B.: Die Gemeinsamkeiten liegen wohl eher auf dem Gebiet der »Haltungen«... natürlich gibt es da auch sachliche Verbindungen, ich denke an Nietzsches Philosophie des Ressentiments, die übrigens selbst deutlich vom Ressentiment lebt, und an die Art, wie Weber die Erlösungsreligionen beschreibt, all diese Dinge über das »Würdegefühl«, die »Lebensführung«, am ehesten wohl das ganze Vokabular der Macht, des Kampfes, das »Heroische«... Aber man sollte sich davon nicht allzu sehr täuschen lassen, von der Gemeinsamkeit der »Attitüde«, bei Weber ist das alles sehr viel überlegter, geordneter, gesättigter, der Machtbegriff bei Nietzsche ist derart schwammig und weit gefaßt... bei Weber gibt es in *Wirtschaft und Gesellschaft* eine Stelle, wo er für seinen Begriff der »Herrschaft« den Machtbegriff gerade deshalb verwirft... für eine scharfe soziologische Begriffsbildung untauglich...

Frage: ...als »spontaner Soziologe« ist Nietzsche aber durchaus bemerkenswert...

P. B.: ...gerade das hat aber die Nietzscheaner nie sonderlich beeindruckt, zumindest in Frankreich nicht... Ich erinnere mich an ein Gespräch mit Foucault, er versuchte damals, den Beginn seiner intellektuellen Leidenschaften festzumachen, auf seiner Suche nach einem Ausweg aus der Sackgasse der traditionellen Philosophie, der große Schock war für ihn die *Genealogie der Moral*, bei mir war das anders, ich hatte andere Vorlieben, für mich waren es eher Weber und Durkheim... Natürlich kann man Nietzsche auch »positivistisch« lesen, als eine Soziologie der Moral, aber mir schien das letztlich doch sehr begrenzt, sehr intuitiv... Bei den Philosophen hat das viel mehr »eingeschlagen«, Hegel, Marx, Nietzsche, Heidegger... Es gab nicht viele, die davon unbeeindruckt geblieben sind... Ich fand Merleau-Ponty anregender, und bei ihm war Weber auch kein »Erkenntnistheoretiker« oder »verstehender« Soziologe, der ganze phänomenologische Obskurantismus, Sartre und der Existenzialismus, die heroische Ästhetik bei Nietzsche, die Rettung einer Philosophie des Subjekts, all das fand ich immer ziemlich bescheuert, ich selbst war nie auf diesem *trip*... Weber, das ist für mich Wissenschaft, und im besten Sinne...

Stephan Egger, Andreas Pfeuffer, Franz Schultheis

Vom Habitus zum Feld

Religion, Soziologie und die Spuren Max Webers bei Pierre Bourdieu

Pierre Bourdieu – der Name steht für ein wissenschaftliches Unternehmen, das in seiner Art wohl ohne Vorbild ist. Kaum einer, der sich mit den Arbeiten des französischen Soziologen beschäftigt, wird davon unbeeindruckt bleiben, und die Welle der Auseinandersetzungen, die ihnen in den letzten beiden Jahrzehnten nachfolgte, hat fast überall in den Sozialwissenschaften bleibende Spuren hinterlassen. Dabei ist es nicht allein der Umfang des Werks, die Vielzahl großer Veröffentlichungen und schier unübersehbare Flut von Aufsätzen und Vorträgen, die ihm seine beispiellosen Ausmaße verleihen. Und es ist auch nicht nur die Vielfalt der Gegenstände, die es im Lauf der Zeit durchmessen hat, von der Wissenschaftstheorie über eine Soziologie des Staates und des Rechts, von Politik und Ökonomie zu Bildung und Wissenschaft, Kunst und Literatur, Religion und Sprache. Vielmehr scheint sein nachhaltiger Eindruck vor allem daher zu rühren, daß seine Bewegung hin zu einer forschungsgesättigten und zugleich in höchstem Maße geschlossenen Soziologie wie kaum eine andere und immer wieder auf die Grundlagen einer umfassenden »Wissenschaft vom Menschen« führt. Niemand, der auch nur eine Hand voll der einschlägigen Arbeiten kennt, wird das Gefühl los, daß hier ein Geist der Vereinheitlichung am Werke ist, der die entscheidenden Fragen dieser Wissenschaft auf eigenwillige Art und Weise zusammenbringt.[1]

Umso befremdlicher wird deshalb die Feststellung, wie einseitig man diese Absicht als ganze und vor allem einzelne »Bruchstücke« des Werks wahrgenommen hat. Selbst in Frankreich gibt es zum Gesamt-

1 Es wird hier weitgehend darauf verzichtet, eine Darstellung des Entwicklungsgangs der bourdieuschen Soziologie im Hinblick auf ihren »Dialog« mit Weber die Verpflichtung aufzubürden, den an vielen Stellen gewiß naheliegenden Fragen oder Einwänden nachzugehen, die ein solches Unternehmen immer mit sich bringt – Durkheim, Weber, Bourdieu, das Werk eines jeden von ihnen setzt eine ungeheure »Klassifikationsmaschine« in Bewegung, deren Ausstoß in Fußnoten auch nicht nur annähernd bewältigt werden kann. Dementsprechend sind Literaturhinweise hier auf das Nötigste beschränkt, historische »Kontexte« und die sich ständig aufdrängenden »theoretischen« Auseinandersetzungen allenfalls angedeutet.

werk nur wenig Gehaltvolles,[2] und gerade in Deutschland ist die Beschäftigung mit der bourdieuschen Soziologie von schweren Mißverständnissen geprägt. Einzelne Begriffe, herausgelöst aus dem Gesamtbau des Werks, sind hier zu sinnentleerten Gemeinplätzen geworden, die Rede von »Habitus« und »Lebensstil« hat dabei keine der Plattheiten ausgelassen, mit denen sich die kollektive Arbeit der Verdinglichung immer wieder der Früchte neuer Einsichten bemächtigt. Auf der anderen Seite sind eben die gedanklichen Grundlagen, auf denen das Werk steht, ganz eigentümlichen und heftigen Widerständen begegnet – die Vorwürfe des »Reduktionismus«, »Determinismus«, »Positivismus«, denen es dauernd ausgesetzt war, bezeugen tiefes Unbehagen angesichts einer Wissenschaft, die als aufklärerisches Werkzeug nur dann wirksam sein kann, wenn sie sich zunächst als »Abrißunternehmen« versteht – als Hinterfragung all jener Glaubenssätze, die sie selbst im Laufe ihrer Geschichte hervorgebracht hat.[3] Denn zweifellos geben die Fragen, die sich wie ein roter Faden durch alle Arbeiten Bourdieus ziehen, Anlaß zu Widerstand, sie brechen allein schon durch ihre Begrifflichkeit nicht nur mit der alltäglichen Sicht der Dinge, sondern auch mit einer wissenschaftlicher Wahrnehmung, die in der Welt des Sozialen anderes als diese Welt selbst wirksam sieht.

Aber wenn dies vielleicht der entscheidende Grund für die Schwierigkeiten mit einem derartigen Entwurf sein mag, so hat doch nicht zuletzt auch die Unkenntnis seines Entwicklungsgangs dazu beigetragen, eine getreue Wahrnehmung des Werks zu erschweren. Denn obwohl man, wenigstens in groben Zügen, die bedeutenden Strömungen

---

2 Im ganzen Zusammenhang bislang wohl nur Louis Pinto, *Pierre Bourdieu et la théorie du monde social*, Paris 1998.

3 Gründe für diese Schieflage der Wahrnehmung gibt es viele, einer der gewichtigsten ist sicher die ungebrochene Tradition der deutschen »Wertphilosophie«, die hier unter ganz erstaunlichen Verwandlungen von der Jahrhundertwende über die »Frankfurter Schule« bis heute Geschichte schreibt, ein normativer Einschlag im »sozialen« Denken, verschanzt zudem hinter jener »hermeneutischen« Barrikade gegen den »Relativismus«, Determinismus« und »Positivismus«, die mit diesen Anklängen immer noch an die »deutsche Romantik« nach der Jahrhundertwende, an Scheler und Heidegger, an Lukàcs, Horkheimer und Adorno erinnert. Auf der anderen Seite und dem gegenüber steht tatsächlich ein »Positivismus«, der die Begrifflichkeiten der bourdieuschen Soziologie immer wieder essentialisiert hat und gleichzeitig wie ein kunstvolles, aber fremdartiges Werkzeug in den Händen hält, ohne damit »praktisch« umgehen zu können. Beiden aber läßt sich eine gewisse »Schwerhörigkeit« attestieren, wenn man die kaum überschaubare Vielzahl der Arbeiten, der Gespräche und Stellungnahmen vor Augen hat, in denen Bourdieu seine »Positionen«, manchmal geradezu verzweifelt, gegen jede Art der Verdinglichung verteidigt.

des französischen Denkens zu kennen glaubt, in deren Umfeld Bourdieus Soziologie entsteht, die Anfechtungen der klassischen, kantianisch geprägten Philosophie nach dem Krieg durch die ungeheure Wirkung des Existentialismus und dann der starke Eindruck der Phänomenologie und philosophisch geprägten Anthropologie, die Wiederentdeckung Hegels und der mächtige Sog des Marxismus, zuletzt der alle humanwissenschaftlichen Fächer übergreifende und langanhaltende Einfluß des Strukturalismus, ist dieser beziehungsreichen Ausgangslage nie wirklich Rechnung getragen worden – die weißen Flecken in der Kartographie des französischen Denkens der Nachkriegsjahrzehnte stehen immer noch der Einordnung gedanklicher Zusammenhänge entgegen, von denen scheinbar so einzigartige Unternehmen wie das Michel Foucaults oder Pierre Bourdieus ihren Ausgang nehmen.[4] Bleibt nun allerdings die Aufgabe, diese Spuren sehr viel aufmerksamer als bisher nachzuverfolgen, dann können wir doch für die Entwicklung der Soziologie Bourdieus einen anderen, besonderen Einfluß geltend machen, die Beschäftigung nämlich mit einem Denken, dessen Wahrnehmung deshalb so vielsagend ist, weil sie nicht nur gegen alle damaligen geistigen Strömungen geschieht, sondern auch das Schicksal des grenzüberschreitenden Unverständnisses teilen wird, das diesem Denken selbst widerfuhr – es ist der Name Max Webers, der schon früh im Werk Bourdieus seine Spuren hinterläßt.

Die Tatsache, daß es gerade Weber ist, der immer wieder Durchgangsstelle des bourdieuschen Denkens wird, hat sicher viel mit den »geistigen Strömungen« im damaligen Frankreich und einer gewissen Wahlverwandschaft zu tun, die Bourdieus Stellung dort mit Webers Stellung in Deutschland zu Anfang des Jahrhunderts verbindet: die unorthodoxe Art der Aneigung des Orthodoxen steht hier gleichermaßen dem akademischen *common sense* und dem intellektuellen »Zeitgeist« entgegen. Vielleicht ist es nun gerade deshalb Webers Religionssoziologie, die in der Entwicklung des Werks so einschneidende Spuren hinterlassen hat – sie zeigt nicht nur einen anderen Weber, als ihn die damals herrschende Auffassung vorgestellt hat, nicht den Schöpfer der »Wissenschaftlehre«, sondern einen großartigen Psychologen religiöser »Berufe« und ihres Kampfes in der Welt der »Heilsgüter«, sondern liegt *als* Religionssoziologie an der Schnittstelle sämtlicher Fragen, die sich eine »Wissenschaft vom Menschen« überhaupt stellen kann, sie gehört zu den entscheidenden Kräften, aus denen damals die Soziologie als ganze herauswächst, steht am Anfang und inmitten der Ausein-

4 Die Versuche schwanken hier immer noch zwischen »Problemgeschichte« und »Biographie«, etwa Vincent Descombes, *Das Selbe und das Andere*, Frankfurt 1981 oder aber Didier Eribon, *Michel Foucault*, Frankfurt 1991.

andersetzungen um Geltung und Selbstverständnis der jungen Wissenschaft. Nicht umsonst sind Emile Durkheim und Max Weber beides, die bis heute überragenden Gestalten der Religionssoziologie und jenes neuen Faches, in das sie schließlich als eines seiner Sachgebiete eingegliedert wurde. Dieser mit der Geschichte der Soziologie unauflöslich verbundene, und für ihre wesentlichen Fragen *paradigmatische* Charakter des Gegenstandes steht auch hinter Bourdieus Arbeiten zur Religion – sie sind eine Besinnung auf die Grundlagen der eigenen Wissenschaft und sie bezeichnen eine Art »Sprung« in der Entwicklung des Werks. Um welche Fragen ging es damals, und was nimmt Bourdieu von ihnen auf?

Durkheim und Weber

Religion und die Anfänge der Soziologie

Die Religionssoziologie ist ein Kind der Jahrhundertwende, und sie entsteht zu einer Zeit, als ein neues Fach um Anerkennung kämpft, in dessen Zusammenhang sie später, nachdem diese Kämpfe ausgetragen sind, einen der vielen Gegenstandsbereiche bilden wird. Diese Gleichzeitigkeit ist keineswegs zufällig – die Religionssoziologie hat damals, und als »europäisches« Unternehmen, eben die Fragen gestellt, mit denen bis heute der gedankliche Grundbestand der Sozialwissenschaften umrissen ist und ihr ganz eigenes Selbstverständnis begründet. Weshalb nun aber diese überragende Stellung gerade der Religionssoziologie bei der Einsegnung des neuen Faches als einer »Wissenschaft«, die ihren eigenen Gegenstand mit einer ganz besonderen Herangehensweise zu erklären beansprucht? Eine Antwort darauf ist schwer möglich ohne die Rückbesinnung auf das, was damals »Soziologie« überhaupt bedeutete, um welche Fragen es ihr zu dieser Zeit ging, wo und wodurch sie ihren Platz im Kreise der Wissenschaften in Anspruch nehmen und behaupten konnte.[5]

Als eigenes »Fach« ist die Soziologie eine Spätgeborene unter den Wissenschaften, erst lange nach der Jahrhundertwende kommt sie an die Hochschulen – allerdings, die Auseinandersetzungen um ihre grundlegenden Fragen sind dann schon Vergangenheit, und noch wei-

5 Im ausführlichen Überblick bei Volkhard Krech und Hartmann Tyrell, *Religionssoziologie um die Jahrhundertwende*, in dem von ihnen herausgegebenen Band *Religionssoziologie um 1900*, Würzburg 1995, S. 11–78, auch wenn, vor allem im Hinblick auf Durkheim, die Bewertung der ganzen Sammlung oft sehr »klassisch« ausfällt.

ter zurück reichen die Ursprünge der Wahrnehmung des »Sozialen«. Über die Abstammung dieses Denkens ist Vieles, auch so viel Unterschiedliches geschrieben worden, daß es schwer fällt, nur einer der Entstehungsgeschichten den Vorzug zu geben, jeder der Versuche, hier eine »Genealogie« aufzuweisen, kann ein gewisses Eigenrecht beanspruchen. Wenn wir uns allerdings mit nur wenigen Andeutungen begnügen, dann deshalb, weil dieser genealogische Eifer spätestens dort zweifelhaft wird, wo sich der »ésprit sociologique« nurmehr in jenen *epistemologischen* Zusammenhängen verstehen läßt, zu denen die Wahrnehmung einer »Gesellschaft« vor der Jahrhundertwende schon gehört. Denn selbst wenn sich in den letzten beiden Jahrzehnten mehr und mehr die Einsicht durchgesetzt hat, daß die orthodoxe Lesart der eigenen Vergangenheit, auf die man das Selbstverständnis des Faches nach dem Krieg einzuschwören wußte, ihr hartnäckiger Präsentismus, der die Ursprünge gegenwärtiger Lehrmeinungen im Lichte der Vorstellung eines kumulativen Fortschrittes der Wissenschaft zurückverfolgt, einer echten Geschichte der Soziologie mit all ihren Brüchen und Widersprüchen weichen müsse – die Schwierigkeiten auch dieser historisch geläuterten Selbstbeschau sind ganz unverkennbar.

Das gilt nicht nur für all die Versuche, weitreichende geistesgeschichtliche Verwandtschaften zu benennen, zwischen dem späteren Fach und scheinbar einer, nämlich der großen, damals auslaufenden Tradition, die von Aristoteles und Platon über Hobbes und Locke, Montesquieu und Rousseau bis zu Tocqueville oder Hegel und Marx reicht, und in der die Verfassung, die Ordnung des »Gemeinwesens« alle Fragen bestimmt. Hier wie bei der Suche nach den »utopischen« Wurzeln der neuen Wissenschaft, der »anderen« Seite neuzeitlicher Gesellschaftslehren, die bis zu Saint-Simon oft ausgeprochen sozialtechnologische Züge besitzen und sich schließlich im späten Absolutismus, etwa bei den Physiokraten niederzuschlagen scheinen, kommen genauere Zurechnungen nie auch nur in Sichtweite. Kaum weniger Fragen werfen jene Genealogien auf, in denen man das geistige Band zwischen Altem und Neuem enger knüpfen wollte: ohne Zweifel lassen sich, eben gerade in der damaligen »Politischen Ökonomie« oder »Gesamten Staatswissenschaft« ganz erstaunliche Entwicklungsschübe verzeichnen, und daß hier in Ökonomie, Demographie und Statistik eine zuerst ganz praktisch veranlaßte Suche nach den Regelmäßigkeiten des Wirtschaftsverlaufs und Bevölkerungsverhaltens, der Lebensverhältnisse und »Sitten« enge Beziehungen zum materiellen und symbolischen Aufstieg des Nationalstaats unterhält, ist seit Längerem bekannt. Oder auch der Hinweis, daß der Eindruck der ungeheuren Veränderungen, die den Aufstieg des Industriekapitalismus begleiten und sich in den zumindest kontinentaleuropäischen Revolutionserfahrungen verdichten, immer schärfer konservativ-sozialreformerische Fragen nach Wesen und Bestandsvoraussetzungen des »lien social«, dem gesellschaftlichen Zusammenhalt wachgerufen hat, dessen Gefährdung in einer, nämlich der »sozialen« Frage drängend zur Sprache kommt, hat nicht ganz ohne Grund einen festen Platz in der Geschichte des soziologischen Denkens gefunden. Aber selbst hier, wo man *positive* Wissenschaftsgeschichte zu schreiben versucht, holen sich das damals Zukünftige und die Gegenwart im Vergangenen immer wieder ein – all die Hinweise auf naheliegende historische »Verschwisterungen« des soziologischen Denkens laufen Gefahr, eine konkretistische »Genetik« oder eben jene Dialektik der Anverwandlung zu beschwören, die, von der paradoxen Tatsache in Gang gesetzt, daß sich eine Wissenschaft einen Gegenstand schafft, zu dem sie selbst gehört, erneut einer überbordenden Hermeneutik, dem »Dämon der Analogie« Tür und Tor öffnet, von dem Bourdieu gesprochen hat, einer Schöpfungslehre, in der Gegenstand und Gegenstandssicht einander entspringen.[6]

Nun hat eine Wissenschaftsgeschichte, die bis heute über ihre Stellung und die Art ihrer Fragen selbst wenig tragfähige Übereinkünfte erzielen konnte, zumindest dort gewisse Aufmerksamkeiten erzeugt, wo spätestens seit Mitte des neunzehnten Jahrhunderts, auf den Trümmern jenes Fächerzusammenhangs, den bis dahin die alte Schulphilosophie überwölben konnte, nicht nur der atemberaubenden Aufstieg der Naturwissenschaften, sondern auch das schnelle Wachstum der Erkenntnisse und die Verselbständigung ganzer Stoffgebiete innerhalb der Erfahrungswissenschaften vom Menschen sichtbar wird, eine völlige Neuordnung der Fächer und ein Wettstreit wissenschaftlicher »Weltbilder«, die weit über die Grenzen der einzelnen Fachwissen-

6 Es würde hier viel zu weit führen, all die unterschiedlichen »Geschichten« der Ankunft des soziologischen Denkens im Einzelnen zu bewerten. Die daran anschließende Frage, ob sich die Abstammung der Soziologie überhaupt ohne die Begriffe und Erkenntnisse des späteren Faches zurückverfolgen lasse, also nur eine echte »Soziologie der Soziologie« an ihre »Geschichte« heranreicht, ist leider bis heute strittig geblieben: hier ist der »praktische« Zugriff auf die Vergangenheit dieser Wissenschaft, der sich mit den unterschiedlichen nationalen Traditionen, Wegen ihrer Institutionalisierung, mit der Bildung von Gruppen und Schulen, den »Entstehungsmilieus« des neuen Denkens beschäftigt, immer wieder durchsetzt von einem gewissen Unbehagen im Hinblick auf die »theoretische« Reichweite des eigenen Faches – der vielfache Verweis auf die Notwendigkeit einer »wissenschaftstheoretischen« Durchdringung seines gewachsenen Begriffsbestandes spielt hier auf Möglichkeiten an, die ihm selbst nicht zur Verfügung stehen scheinen, Möglichkeiten allerdings, die auch eine »theoretische« Wissenschaftsgeschichte bisher nicht aufgezeigt hat: von einer Einheit ihrer Fragen ist sie ebenso weit entfernt wie die Soziologie selbst.

schaft ausstrahlen – das neue Zeitalter ist zunächst auch eines der gewaltigen Prätentionen, des unbändigen Anspruchs neuer wissenschaftlicher Paradigmen und ihrer erstaunlichen Wirkung in der Öffentlichkeit. Das stellenweise enge Verhältnis von Wissenschaft und Literatur, in deren Überschneidungsbereich man einen der Ursprünge des soziologischen Denkens ausgemacht hat, zeigt hier sinnfällig einen Ausschnitt dieser Wechselwirkungen zwischen den noch jungen Wissenschaften und ihrer noch unbeholfenen, gleichwohl höchst selbstbewußten Erforschung der Kräfte des »Realen«, und einer neuen Gattung der Deutungen des »Sozialen«. Erst vor diesem Hintergrund, den bis zur Jahrhundertwende reichenden Wirkungen des Darwinismus und seiner Abwandlungen, des Mechanismus in der Physik, schließlich des Biologismus, der sich in weitreichenden Vorstellungen des »Organischen«, im Vitalismus und vor allem dann im Physiologismus ausspricht, beginnt die durch und durch epistemologische Frontstellung der damaligen Soziologie verständlich zu werden – als ein zweifacher Abgrenzungskampf, ein Kampf um ihre Daseinsberechtigung als eigenständige Wissenschaft mit eigenem Gegenstand und ganz eigenem Zugang zu ihm, gegenüber jenen neuen Fächern, gerade der Biologie und Psychologie, die sich selbst als »Wissenschaft vom Menschen« verstehen, und dann gegen alle »literarischen« Deutungen menschlichen Handelns, in die derartig »vorwissenschaftliche« Paradigmen ihren Weg gefunden hatten, von denen sich die Wissenschaften von der »Natur« unterdessen immer stärken zu lösen begann.

Nur diese Konstellation macht einsichtig, um welche Fragen es damals tatsächlich geht. Denn obwohl die Soziologie als »Krisenwissenschaft« mit der Politisierung ihrer Deutungsansprüche immer wieder, oft ganz bewußt, jene Konjunktur sozialer, politischer und wissenschaftlicher Krisen zu benennen versucht hat, deren Aufgaben wechselseitig aufeinander verweisen, einander Geltung verschaffen sollten, bleibt sie doch ein Kind der Entwicklungen und Umbrüche innerhalb der Wissenschaften selbst, ihr Kampf um Anerkennung, der anfangs einen engen Schulterschluß politischer und wissenschaftlicher Fragen durchzusetzen bemüht ist, dreht sich am Ende immer ausschließlicher um die Autonomie eines neuen Faches den anderen Wissenschaften *und* der »Gesellschaft« gegenüber, aus deren Umarmung sie sich mit eben jenem epistemologischen Kraftakt zu entwinden versucht, den der Weg über die Religionssoziologie schließlich bedeutet. Ihre entscheidenen Umrisse gewinnt »die« Soziologie erst, als sich der Wettstreit *innerhalb* der neuen Wissenschaften vom Menschen verschärft, als das Verhältnis von »sciences physiques« und »sciences humaines«, von Naturwissenschaften und »Kulturwissenschaften« *insgesamt* zur Entscheidung ansteht.

Es ist also gerade diese Ausgangslage, die auch der Religionssoziologie ihre überragende Bedeutung bei der »Geburt« der Soziologie insgesamt verleiht – in ihr scheinen sich alle Fragen wie in einem Brennglas zu bündeln, um die sich die Auseinandersetzungen der neuen »Wissenschaften vom Menschen« drehen, und die ungeheure Befrachtung des Gegenstandes zielt in die Mitte dieser sich damals vielfach überschneidenden Kämpfe um wissenschaftliche Anerkennung. Denn wir sehen hier nicht nur den Versuch, jenen Bestand an Fragen zu beerben, den bis dahin die Philosophie gegen den sprunghaften Erkenntniszuwachs und das jugendliche Selbstbewußtsein der Erfahrungswissenschaften verteidigt hatte: als zukünftige *Wissenschaft* stellt sich das »soziologische Denken« in Deutschland gegen die Restbestände des hegelianischen Panlogismus, in Frankreich gegen den stark formalistisch geprägten Rationalismus, aber sie tut das mit dem Anspruch auf Rettung eines Zugangs zu den Kategorien menschlichen Denkens, der gleichzeitig *empirisch* sein und deren *Eigenart* bewahren soll – mit einer Soziologie der Religion rückt eben dieses Reich der Gedanken beispielhaft wie nirgend sonst in den Bereich wissenschaftlicher Erfahrung. Vor allem aber richtet sich die Soziologie gegen die überbordenden Ansprüche der neuen Erfahrungswissenschaften selbst: wenn es die Religion zu ihrem Gegenstand *par excellence* erhebt, dann deshalb, weil dort nicht nur alle Versuche des biologistischen, naturalistischen, physiologischen Denkens mit ihren Erklärungen scheitern, sondern auch ein Wettstreit mit der Psychologie auf einem Feld ausgetragen werden kann, das wie kein anderes eine Wissenschaft jener »Gefühle« herausfordert, die sich einer empirischen Faßbarkeit zu entziehen scheinen.

In diesem Bannkreis stehen tatsächlich fast alle Fragen der damaligen Soziologie: Max Webers steter Verweis auf die Unbrauchbarkeit des »Erbguts« für das Verständnis menschlichen Handelns, seine Ausfälle gegen den »Psychologismus«, der wiederholte Hinweis auf die historischen Entstehungsbedingungen der naturalistischen Postulate des Marginalismus in der Nationalökonomie, gegen den vulgären Materialismus seine »spiritualistische« Grundlegung der »verstehenden« Soziologie, all dies sind Versuche, den Fragen des zukünftigen Faches ihr eigenes Recht zu verschaffen. Nicht anders bei Durkheim: auch hier die Angriffe gegen physiologische Deutungen des menschlichen Verhaltens, gegen Bergson und die Lebensphilosophie, gegen den »methodischen Individualismus« bei Gabriel Tarde, auch hier überall die Anstrengung, gesellschaftliche Tatbestände als *sui generis* auszuweisen. Eine Soziologie der Religion drängt sich für diese Zwecke geradezu auf – im Reich des Glaubens, in jenen schwer zugänglichen Erfahrungen der Überweltlichkeit die Welt zu entziffern, gegen die Macht der Triebe die Macht der Vorstellungen, gegen die Macht des Materiellen die Macht des Symbolischen zu setzen, und all dies, um jene Welt, die man der naturalistischen Weltsicht entwindet, als »soziale« Welt zurückzugewinnen, bedeutet nichts anderes als eben die Suche nach jenen eigentümlichen, eigenrechtlichen Tatbeständen der neuen Wissenschaft. Auch wenn sich die Absichten Webers und Durkheims jedenfalls dort nicht decken, wo es dem einen zunächst um die historische Gewalt der Vorstellungen geht, die an den »Fragen der Zeit«, der Auflösung der alten Welt unter der Wucht des Kapitalismus, unabweisbar beteiligt waren, und dem anderen um eine systematische, exemplarische Totalität des Verhältnisses sozialer und mentaler Strukturen, so treffen sich doch beide dort, wo sie die Macht geteilter Vorstellungen als eigene, unteilbare Tatsache zu erkennen geben wollen – beiden geht es, in einer beispiellosen *Umwidmung* des damaligen Bestandes an Fragen, um eine scharfe Zurückweisung jener Anmaßungen der neuen Wissenschaften, die im menschlichen Denken und Handeln anderes als einen nur auf sich selbst verweisenden »Sinn« zu entdecken versuchen.

Denn natürlich gibt es den »Gegenstand« selbst schon lange vor Durkheim und Weber, der singularisierte Begriff von der »Religion« ist eine Schöpfung der neuzeitlichen europäischen Geistesgeschichte, von ihm nimmt jene historische und komparative, jedenfalls empirische Religionsforschung ihren Ausgang, die sich im letzten Drittel des Jahrhunderts und unter wachsender öffentlicher Aufmerksamkeit ein neues »Sachgebiet » erschließt. Schon Durkheim und Weber finden also schon eine »Wissenschaft« von der Religion vor, allerdings mit recht unterschiedlichen Zugangsweisen, als Bereich der noch verhältnismäßig jungen Kulturanthropologie, als vergleichende Religionsgeschichte, als eigene »Religionspsychologie«, als Teil jener »Moralwissenschaft«, die in Frankreich wie in Deutschland philosophische und »Zeitfragen« zusammenführte, dann auch die Anfänge einer theologischen Religionsphilosophie – und natürlich Nietzsche.[7] Wenn wir aber sehen, wie Durkheim und Weber mit den Ergebnissen der damaligen Religionsforschung umgegangen sind, dann wird erneut der paradigmatische Charakter dieses Zugriffs deutlich. Sicher läßt sich auch hier wieder auf »geistesgeschichtliche« Hintergründe verweisen, auf »Fragen der Zeit«, die beiden jenes Pathos abverlangen, mit dem sich die der Geltungsanspruch wissenschaftlicher Fragen damals immer wieder verschwistert: selbst wenn die Betonungen dessen, was dort mit der »sozialen Frage« gemeint war, jeweils etwas anders gelagert sind, haben bei Durkheim und Weber die Erfahrungen einer grundlegend ge-

7 Vgl. dazu Krech/Tyrell, *Religionssoziologie um die Jahrhundertwende*, S. 24–42.

wandelten Gesellschaft tiefe Spuren hinterlassen – beiden geht es, wie es in Deutschland hieß, um »Kulturfragen«, bei Durkheim um das Verhältnis von Individuum und sozialer Ordnung, die »anomischen« Folgen der Auflösung des »lien social«, bei Weber um »Wertfragen«, Fragen des »Persönlichkeit« im Angesicht der gewaltigen Umwälzungen der alten Lebensweisen durch den Kapitalismus, und beiden ist jene kulturkämpferische Haltung gemeinsam, die den ungeheuren Beanspruchungen dieser neuen Welt die Stirn bieten will.[8] Wenn nun allerdings die Auflösung der alten Bindungen, die »Entzauberung« der alten Ordnung im Religiösen ihre exemplarische Verdeutlichung finden, dann reichen doch die maßgebenden Antriebe für eine *Soziologie* der Religion bei Durkheim und Weber sehr viel tiefer: sie umreißt, wie nirgendwo sonst, ein wissenschaftliches *Programm*.

Bei Durkheim allerdings hat dieses »Programm« schon von Beginn an, jedenfalls seit seiner großen Untersuchung über den Selbstmord, erstaunlich feste Umrisse, und die Grundzüge der neuen Wissenschaft sind mit den *Regeln der soziologischen Methode* dann in aller erdenklichen Schärfe festgehalten.[9] Aber erst in den *Formes élémentaires de la vie religieuse* »findet« er den Gegenstand, an dem sich nicht nur *negativ* die Anmaßungen des offen oder heimlich naturalistischen und psychologistischen Denkens zurückweisen, sondern *positiv* die immer wieder von Neuem umkreiste Verschränkung »sozialer und mentaler Strukturen« aufzeigen ließen.[10] Durkheim schöpft hier aus der ganzen Fülle einer damals schon zur »Mode« gewordenenen Ethnologie der »Primitiven«, um diesen Konnex von sozialer Organisation und kollektiver Repräsentation, von gesellschaftlicher Ordnung und einer Ordnung der mit ihr verbundenen Vorstellungswelt zu erschließen.[11]

---

8 Zum deutschen Kontext wenigstens Rüdiger vom Bruch, Friedrich Wilhelm Graf, Gangolf Hübinger (Hrsg.), *Kultur und Kulturwissenschaften um 1900*, Stuttgart 1989, eindringlich auch Lawrence Scaff, *Fleeing the Iron Cage*, Berkeley 1989.

9 *Die Regeln der soziologischen Methode*, Frankfurt 1980, und Individuelle und kollektive Vorstellungen, in *Soziologie und Philosophie*, Frankfurt 1976, S. 45–83.

10 *Die elementaren Formen des religiösen Lebens*, Frankfurt 1980.

11 Die Tatsache, daß gerade die »elementaren« Formen des Glaubens, die Religion der »Primitiven« zum Gegenstand dieses Aufweises werden, hat geradezu zwangsläufig den Vorwurf einer evolutionistischen Perspektive nach sich gezogen. Aber wie sehr auch die ethnologischen »Vorlagen« aus diesem Geiste sind, für Durkheim gilt dieser Einwand jedenfalls nicht in dem Maße, wie es später gerade auch die »positive« Rezeption, vor allem bei Parsons, nahegelegt hatte, sein »Strukturfunktionalismus«, in dem evolutionistische und funktionalistische Vorstellungen zusammenfließen, ist eine spätere »Errungenschaft«. Im übrigen hat die bleibende Wendung der

Die Religion, eine Macht, die Geist und Seele ergreift, jene vielleicht »subjektivste«, »innerlichste« aller Tatsachen, eine Erscheinung der menschlichen Kultur zudem, die im Angesicht der damaligen Umwälzungen und ihrer »Verobjektivierung« der »Lebenswelt« immer fremder, immer unzugänglicher scheint, zeigt der durkheimsche, kantianisch geprägte Rationalismus in ihrer *Diesseitigkeit*, als kollektiv unterhaltene »Fiktion« der sozialen Ordnung, als Zusammenhang »transzendentaler« Kategorien der Transzendenz, die ganz *sozialen* Ursprungs sind. In der Tat ist die Religionssoziologie Durkheims unmittelbar »Gesellschaftstheorie«, und sie ist es vor allem gegen jeden Versuch, in dieser eigentümlichen »Logik« anderes als das Wirken eben jener Logik zu entdecken: *soziale* Tatbestände sind dies nur *als solche*, sind *sui generis*, nie Ergebnis einer »Verdichtung« oder »Aufrechnung« *individueller* Phänomene, wie sie damals von den vielen Spielarten des naturalistischen und psychologistischen Denkens behauptet worden sind, weder Reflex einer allgemeinen »Natur«, in der sich der naive Konkretismus der jungen Erfahrungswissenschaften wiederspiegelt, noch die wie auch immer geartete »Verfassung« des jeweils einzelnen Menschen, ein, wie es bei Tarde heißt, »individuelles Gesetz«, das die naturwissenschaftlichen Geltungsansprüche zu »singularisieren« versucht. In den »elementaren Formen« des religiösen Lebens folgt das menschliche Wahrnehmen, Fühlen, Denken und Handeln einer klassifikatorischen Logik, einer gegenseitigen Anverwandlung und »Subsistenz« sozialer und mentaler Ordnungen, die immer *kollektiver* Natur bleibt.[12] Die Tatsache, daß sich dabei der »moralische« Zuschnitt des durkheimschen Religionsbegriffs immer wieder in den Vordergrund schiebt, geht Hand in Hand mit dieser erkenntnistheoretischen Stoßrichtung des ganzen Ansatzes: wenn das Verhältnis von »Sakralem« und »Profanem« in eben jenen kollektiv geteilten Kategorien des Wahrnehmens, Denkens und Handelns als Grenze der »Selbstvergottung« der Gesellschaft besteht, als die Stelle, an der jene Kategorien mit der ganzen Macht des »Heiligen«, des »fraglos Gegebenen« ausgestattet sind, dann beginnt eben dort ein Reich der »Werte«, welches die *soziale* Ordnung in das Licht der

---

Durkheim-Schule zu den »Primitiven« vor allem auch strategische Veranlassung: die »philosophischere« Anthropologie wird zu einem Ausweg aus der »soziologischen Falle«, vgl. auch Paul Vogt, Über den Nutzen des Studiums primitiver Gesellschaften, in Wolf Lepenies (Hrsg.), *Geschichte der Soziologie*, 4 Bde., Frankfurt 1981, Bd. 3, S. 276–297.

12 Emile Durkheim und Marcel Mauss, Über einige primitive Formen der Klassifikation, in Durkheim, *Schriften zur Soziologie der Erkenntnis*, Frankfurt 1987, S. 171–256.

wahrgenommenen Ordnung taucht.[13] Die durkheimsche »Gleichsetzung« von »Gesellschaft« und »Gott« sagt nichts anderes: daß die gesellschaftliche Konstruktion der Wahrnehmung unserer Welt eine transzendentale *Totalität* besitzt, die sich nur mit »Wissenschaft« bewältigen läßt, mit einer Wissenschaft, die eben diese transzendierte Ordnung zu ihrem Gegenstand nimmt.[14]

Auch bei Weber gibt es nun ein solches »Programm«, das nicht nur dort, von der Religionssoziologie sicher aber am eindrücklichsten vorgeführt wird. Denn es sind nicht allein die »methodologischen« Schriften, lange Zeit *das* Heiligtum einer »positivistischen« Lesart des »Klassikers«, die dieses Programm verfassen – die »verstehende« Soziologie, im »Objektivitätsaufsatz«, im »Kategorienaufsatz«, im Aufsatz zur »Wertfreiheit«, zeugt von einem höchst ungezwungenen Umgang mit jenen »erkenntnistheoretischen« Fragen, die damals zwischen Dilthey und seiner lebensphilosophischen, untergründigen Hermeneutik auf der einen, und den formalistischen Versuchen des Neukantianismus auf der anderen Seite verspannt waren. Wenn wir aber umgekehrt die – vielleicht zu robuste – Deutung der weberschen Absichten, wie sie in jüngerer Zeit vorgeschlagen wurde, eine Lesart, die ihre Einordnung Webers in die auslaufende Tradition der praktischen Philosophie wesentlich als Freilegung eines »gesunden Menschenverstandes« versteht,[15] mit den damaligen Auseinandersetzungen der neuen »humanwissenschaftlichen« Fächer in Verbindung bringen, dann finden sich überall, gerade auch in der »Methodologischen Einleitung« zur Arbeiterenquete und der *Psychophysik der industriellen Arbeit*, jene »programmatischen« Einwürfe, die all den Versuchen eines »natürlichen«

---

13 Deshalb fehlt Durkheims Ansatz auch eine ausgeprägt »herrschaftskritische« Note. Dort ist Religion »erster« Ausdruck und als »Verklärung« der sozialen Ordnung notwendiger Bestandteil des sozialen Lebens. Wie »kritisch« (nicht nur im kantschen Sinne) dieses Vorgehen übrigens ist, zeigen vor allem die Versuche in der deutschen Philosophie von Scheler bis Heidegger, den kantschen »Formalismus«, in »Wertfragen« wie anderswo, zu »überwinden«.

14 Adornos Einführung zu Durkheims *Soziologie und Philosophie* zeugt von der hartnäckigen Weigerung, diesen »Rationalismus« verstehen zu wollen. Sein »positivistisches« Verdikt – im Übrigen ein recht ungewöhnlicher Vorgang bei Einführung eines fremdsprachigen Textes – will hier einen »Verkennungszusammenhang« entdeckt haben, dessen Beschreibung doch viel eher auf die Tradition eines junghegelianisch-romantischen Totalitätsbegriffs seit Lukàcs paßt.

15 Für eine nun nicht mehr ganz neue, aber noch immer »frische« Deutung der Absichten Webers Wilhelm Hennis, *Max Webers Fragestellung*, Tübingen 1987 und *Max Webers Wissenschaft vom Menschen*, Tübingen 1996.

Verständnisses menschlichen Handelns schneidend klare Absagen erteilt. In seinem »materialen« Programm, wie es ein »Geleitwort« im *Archiv für Sozialwissenschaft* umreißt, wird aber schließlich Webers *positiver* Antrieb deutlich: die Rückverfolgung der »universalhistorischen« so bedeutsamen Zugrichtung, wie sie sich schließlich im unumkehrbaren Sieg des Kapitalismus vollendet, ist in ihrer Anlage ganz zweifellos eine Antwort auf Marx, der Versuch einer weiterführenden, einer rettenden, einer »positiven« Kritik der materialistischen Geschichtsauffassung. Erst dieser Hintergrund macht den »Spiritualismus« Webers verständlich – als eine beispiellose Anstrengung, nicht nur die Grundlagen des marxschen Entwurfes gegen all ihre mechanistischen Entstellungen zu verteidigen, sondern auch, und gegen jede idealistische Auffassung der Geschichte, die Möglichkeiten einer »spiritualistischen« Untermauerung diesem Materialismus dienstbar zu machen.[16] Die Religionssoziologie Webers will – und nur sie konnte auch – beides in einem: auf der einen Seite *historisch* in den Weg des Kapitalismus jene Macht einfügen, die seinem unbestreitbaren Siegeszug, mit allen von Marx so eindringlich beschriebenen Folgen, schließlich zum Durchbruch verhilft. Und diese Macht selbst als *soziale*, als nur in einem *diesseitigen* Zusammenhang »verstehbare« Erscheinung kenntlich zu machen. In der *Protestantischen Ethik*, seiner »historischen« Religionssoziologie, hat Weber den »spirituellen« Wurzeln dieses ungeheuren Vorgangs mit einer Hellsichtigkeit nachgespürt, die von der »alten« Nationalökonomie zwar schon vorgeprägt,[17] dort aber nie mit derartiger Radikalität zugespitzt worden war. Und wenn dort je noch Reste eines unbewältigten »Spiritualismus« geblieben sein sollten, dann beseitigt die »systematische« Religionssoziologie in *Wirtschaft und Gesellschaft* letzte Zweifel: die Radikalität, mit der hier eine durch und durch materialistische Sicht des »Heilsgeschehens« gelehrt wird, ist bis heute ohne Beispiel – in unnachahmlicher Weise entwirft Weber gleichzeitig eine *Psychologie* der religiösen »Berufe« und »Berufungen«, der »Antriebe«, des *Habitus* religiöser Praktiken, und ein Bild des symbolischen »Wirtschaftens«, einer »Ökonomie« des Symbolischen, des religiösen »Betriebs« als solchem, dessen Logik ohne die Stellung der unterschiedlichen »Heilsunternehmen« zueinander und zu anderen »gesellschaftlichen Ordnungen und Mächten« kaum

16 Das heißt nicht vergessen machen, wie sehr dieses »Programm«, gerade auch in seiner »heldenhaften« Anlage, von Nietzsche geprägt ist, dazu wenigstens Hennis, *Max Webers Fragestellung*, S. 167–191 und Scaff, *Fleeing the Iron Cage*, S. 127ff.

17 Sehr gut nachgezeichnet in Hennis, *Max Webers Fragestellung*, S. 117–166.

nachvollziehbar ist. Wenn dabei nicht zuletzt die »echte« Ökonomie eine unvergleichliche Macht besitzt, dann ist es zuletzt doch eine Ökonomie der *Herrschaft*, das eigentümliche Verhältnis von Herrschenden und Beherrschten, die dann jener symbolischen Ökonomie, ihren Heilsspendern und Heilsempfängern, jeweils eigenen Charakter und eigene Geltung verleiht. Weber hat mit seinen »Religionssoziologien« stets beides und beides zugleich im Sinn: Religion als eine *historische* »Lebensmacht«, und als *Paradigma* der »Diesseitigkeit«, das so beredt über jene »Unbewußtheit« des Zusammenhangs von ökonomischen Grundlagen und geistiger »Kultur« Auskunft gibt, wie sie nur eine eigene Wissenschaft entschlüsseln kann.[18]

Durkheim und Weber – beide haben in einer »Religionssoziologie«, die sehr viel mehr sein wollte als eine soziale »Phänomenologie« des »Religiösen«, an deren beispielhafter Bedeutung nie ein Zweifel gelassen wurde, schon vorhandene Fragen auf eigentümliche Weise aufgenommen, haben sie umgewidmet, weitergetrieben zu einer bis heute kaum erreichten Schärfe, Weber bedient sich aus der damals schon ungeheuren Fülle »historisch-charakterologischer« Religionsforschungen, greift Ergebnisse einer vor allem angelsächsischen »Religionspsychologie« auf, Durkheim nimmt stattdessen den Weg über die Ethnologie, die »primitive« Religion, um sein »Programm« zu verdeutlichen. Die Tatsache allerdings, daß hier auf der einen Seite »kulturhistorische«, im anderen Fall »anthropologische« Untersuchungsbestände aufgearbeitet werden, und *dennoch* zu einer unvergleichlich neuen Sicht der Dinge führen, ist zweifellos jene Frage wert, die unter Absehung von allen Unterschieden des »Kontextes« *systematische* Gemeinsamkeiten zu beurteilen versucht. Denn selbst wenn sich der Charakter und die »Motive«, der Fundus und ganze »Gestus« des Programms bei Durkheim und Weber auf geradezu »typische« Weise unterscheiden – es verbindet sie nicht nur mehr, sondern auch anderes, als die späteren Versuche des neuen Faches, sich beider Erbe zu bemächtigen, je glaubhaft machen können. Die Unterschiede, angefangen mit Durkheims unbeirrbar systematischer und hoch synthetischer

18 Es ist erneut Wilhelm Hennis, der scharf herausgearbeitet hat, wie sehr der Versuch, die *Protestantische Ethik* und im Zusammenhang mit ihr die *Wirtschaftsethik der Weltreligion* nur als Variationen über das Thema »Rationalisierung« zu denken, den Absichten Webers Gewalt antut, *Max Webers Fragestellung*, S. 3–114. Im Übrigen hätte man dann mit den »Typen religiöser Vergemeinschaftung« in *Wirtschaft und Gesellschaft* nur eine »Marginalie« vor sich – dort, wo sich *allein* die großen »Themen« Webers, seine tiefe »Psychologie« der »Gesinnungen« mit seinem bodenständigen »Materialismus«, seine »Herrschaftslehre« mit »Ständen und Klassen« so plastisch kreuzen.

Zugangsweise, die seine Wissenschaft »sozialer Tatbestände« in ihrer ganzen erkenntniskritischen Anlage von Webers historisch-konkreter, psychologisch so ungemein tiefer Annäherung an den Gegenstand trennt, weichen spätestens dort ganz erstaunlichen Gemeinsamkeiten, wo hinter der praktischen, der oft handfest empirischen Umsetzung ihrer leitenden Fragen, immer wieder die Züge einer neuen »Wissenschaft vom Menschen« erscheinen, die wieder und wieder auf der *Unhintergehbarkeit* sozialer Tatsachen *als solcher* besteht – eine *epistemologische* Verwandtschaft, die sich in der Mitte beider Werke findet, eine Verwandtschaft, die die Gegenstände des neuen Fachs *allein* als *kollektive* Erscheinungen versteht, Ausdruck eines »Gemeinschaftshandelns«, das den Menschen »von innen her« ergreift.[19] Denn nur dort, aus einer epistemologischen Weigerung, *soziale* Tatbestände durch Tatbestände einer anderen Ordnung zu erklären, entspringt die Quelle der Geltung jener Wissenschaft, der Durkheim und Weber, jeder auf seine Weise, zur Geburt verholfen haben. Und wenn es dieses oft so falsch verstandene, oft so schlecht bestellte Erbe ist, in dem sich

19 Anders ist auch der »methodische Individualismus« Webers nicht zu verstehen: als ein Versuch, klar zu machen, daß alle naturwissenschaftlichen oder sonstigen Konkretismen, die im Ende nichts anderes als *idealistisch* sind, nie zum »Sinnverstehen« beitragen können. Daß dieses Sinnverstehen und sinnhafte Handeln des Einzelnen *nur* im Zusammenhang mit »Erziehung«, »Zucht«, »Disziplin«, mit einer kollektiven Arbeit an »Motiven«, den »Antrieben«, der »Seele«, der »Haltung«, der »Attitüde« des Menschen vonstatten gehen kann und sich gerade *gegen* alle naturalistischen Abstraktionen richtet, läßt sich nicht »umkehren«: wenn man sich von dieser orthodoxen »methodologischen« Interpretation zu Recht entfernt, um bei Weber »Gesellschaft«, »Soziologie« überhaupt zu tilgen, dann wird – mit schwerem Geschütz – über das Ziel hinausgeschossen. Alle Versuche Webers, mit seiner »verstehenden« Soziologie das neue Fach für den »Eigengebrauch« zu »singularisieren«, können nicht darüber hinwegtäuschen, daß trotz der tiefsitzenden Skepsis gegenüber der Verwendung des Kollektivsingulars, die allen Idealismen wieder Tür und Tor öffnen konnten, »soziale Tatsachen«, wie bei Durkheim, als *sui generis* verteidigt werden. Wenn es Weber um die »Motive« des Einzelnen im »sinnhaften« Zusammenhang mit dem »Gemeinschaftshandeln« geht: was ist dies anderes als »Soziologie«? Webers Mißbehagen am Begriff wird erst verständlich im Verhältnis zu allen anderen »Positionen« im damaligen akademischen und intellektuellen Feld: wenn schon der versteckte Idealismus einer »alten« Nationalökonomie der »Geschäftsprofessoren« scharf angegriffen wurde, die »neue« Grenznutzenlehre als Mathematisierung historisch vollendeter »innerer« Tatbestände für seine Fragen zumindest bedeutungslos war, dann mußte doch auch die »platte« Politisierung soziologischer Fragen, der Beginn »formalistischer« Wendungen des neuen Fachs Weber ein Dorn im Auge sein – und alle seine Heilsversprechen.

diese Wissenschaft wiedererkennen kann, dann hat sie es da wieder aufgenommen, wo nach dem Krieg, in einer Zeit und einem Umfeld gedanklicher Neubestimmungen jenseits der Grenze eine wissenschaftliche Arbeit einsetzt, die sich dieser Hinterlassenschaft von Anfang an verbunden weiß – es ist Pierre Bourdieu, der beide, Durkheim und Weber, wieder und »neu« zu lesen beginnt.

Für Weber, gegen Weber

Ein Exkurs zu seiner Wirkungsgeschichte in Frankreich

Wer »ist« Weber, damals, in Frankreich, als Bourdieu auf ihn stößt, wie wird er gesehen und gelesen? Wenn wir Bourdieus Deutung des großen Klassikers im Zusammenhang seiner Wirkungsgeschichte in Frankreich beurteilen wollen, dann sollten wir dabei immer jenen Entwurf im Blick behalten, den Bourdieu selbst und im Anschluß an Weber von den Feldern der »Produktion symbolischer Güter« und schließlich auch den sozialen Bedingungen des internationalen »Güterverkehrs der Gedanken« geliefert hat, von den intellektuellen »Import-Export-Unternehmen«, ihrer höchst selektiven Arbeit an der Entwicklung, Durchsetzung und Behauptung legitimer »Lesarten«, ihrer vereinnahmenden »Kennzeichnung«, der Ausschließung anderer Deutungen.[20] Wer und was wird übersetzt und wer übersetzt? Welcher Verlag veröffentlicht? Wer schreibt die Einführungen, wer die Besprechungen? All dies sind natürlich Fragen, deren innere Beziehung letztlich nur die soziologische Rekonstruktion eines »Feldes der Rezeption« herstellen kann – eines Feldes, dessen Struktur in jeweils zwar unterschiedlichem, aber doch ganz wesentlichem Maße der Struktur der Kämpfe im akademischen und intellektuellen Feld folgt, eines Feldes aber, dessen innere Teilungen nicht unbedingt mit jenen übereinstimmen müssen, die das »fremde« Feld dem späteren Import mitgegeben hat: der Leser im Ausland verfügt hier bisweilen über eine Freiheit, die sich den Zwängen des Herkunftslandes, seinem symbolischen Tributwesen entzieht, und nicht selten liegen die Dinge dabei sogar »überkreuz«, sind jene »Importe« das Werk von Randständigen, denen die Aufgabe zufällt, den großen »Prophetien« Wege einer neuen Deutung zu eröffnen. Eine derart weitreichende Rekonstruktion ist hier sicher nicht möglich. Wir können aber zumindest versuchen, die

20 Pierre Bourdieu, Les conditions sociales de la circulation internationale des idées, in *Romanistische Zeitschrift für Literaturgeschichte* 14, 1990, Heft 1/2, S. 1–10.

damalige Wahrnehmung Webers, die unterschiedlichen Lesarten des Werks im Frankreich der fünfziger und sechziger Jahre im Hinblick auf den eigentümlichen »Gebrauch« nachzuzeichnen, den Bourdieu schließlich von ihm machen wird.[21]

Weber ist natürlich, auch in Frankreich, schon zwischen den Weltkriegen kein Unbekannter mehr, selbst wenn seine Wirkung meilenweit von jenem ungeheuren Eindruck entfernt bleibt, den der »Titan von Heidelberg« in Deutschland hinterläßt. Und es ist auch wenig erstaunlich, daß die Beschäftigung mit dem späteren Klassiker ausgehend von der tatsächlich internationalen Diskussion über die »These« der *Protestantischen Ethik* einsetzt: es sind Wirtschaftshistoriker, Henri Hauser und Henri Sée, die in der zweiten Hälfte der zwanziger Jahre diesen Ansatz würdigen, allerdings, und wie so oft, als anregendes Gedankenspiel, das letzten Endes die »tatsächliche« Geschichte der kapitalistischen Entwicklung nur mangelhaft berücksichtige – naheliegender scheint auch hier der Versuch des großen Rivalen Sombart, und insbesondere sein Hinweis auf die Bedeutung der Juden für den in Frage stehenden Zusammenhang.[22] Wirklich »positiv« wird Weber allein von Maurice Halbwachs besprochen, und vielleicht ist es kein Zufall, daß gerade er, neben Marcel Mauss der einzige Schüler Durkheims von Rang, den Fremden auch als erster nach Frankreich bringt: nicht unbedingt der Gegenstand selbst, »Religion«, bei Durkheim und in seinem Umkreis allgegenwärtig, steht hier im Vordergrund, und auch nicht nur die Tatsache, daß Halbwachs in der Sprache des Nachbarlandes heimisch, mit seiner geistigen Kultur vertraut war, hat zu dieser Konstellation beigetragen. Vielmehr geht es dem Soziologen um Webers Stellung innerhalb der Tradition der »Historischen Schule« der deutschen Nationalökonomie, die Halbwachs bestens kannte und gerade diese Seite des Werks, zudem als beeindruckend geglückte Verbindung empirischer Forschung und theoretischer Durchdringung, hat er dann auch in seinen beiden Besprechungen Mitte und Ende der

21 Elemente einer solchen Rekonstruktion bei Michael Pollak, Die Rezeption Max Webers in Frankreich. Fallstudie eines Theorietransfers in den Sozialwissenschaften, in *Kölner Zeitschrift für Soziologie und Sozialpsychologie* 38, 1986, S. 670–684. Dazu auch die Monographie von Monique Hirschhorn, *Max Weber et la sociologie française*, Paris 1988. Im Zusammenhang auch Pollak, *Gesellschaft und Soziologie in Frankreich*, Königstein 1978.

22 Henri Sée, *Les origines du capitalisme moderne*, Paris 1926, Henri Hauser, *Les débuts du capitalisme*, Paris 1927 und Dans quelle mesure puritains et juifs ont-ils contribué au progrès du capitalisme moderne?, in *Revue historique* 155, 1928, S. 68.

zwanziger Jahre gewürdigt.[23] Trotz allem aber bleibt Weber, das muß man wohl festhalten, bis nach dem Krieg eine größere Aufmerksamkeit in Frankreich versagt.

Machen wir einen Sprung in die Nachkriegszeit und betrachten wir Webers Eindruck auf die französische Religionssoziologie – wir werden auch hier schnell sehen, wie wenig spektakulär er ausfällt. Das nunmehr soziologische Randgebiet beginnt sich nach dem Krieg zwar auch in Frankreich zu festigen, 1956 wird die Zeitschrift *Archives de Sociologie des religions* gegründet, und dort versammeln sich ganz selbstverständlich alle großen Namen: neben der sicher naheliegenden Beschäftigung mit der durkheimschen Tradition kommen hier auch Dilthey, Troeltsch und Weber zu Wort, er wohl nicht zuletzt auch mit Blick auf die erhebliche Wirkung, die damals, bei seinem »Umweg« über Amerika, dort von ihm auszugehen scheint. Ende der sechziger Jahre sind dann innerhalb des Faches die Untersuchungsfelder abgesteckt: französischer Katholizismus, Judentum, die großen historischen Züge und aktuellen Herausforderungen: sozioökonomische Entwicklung, protestantische Abweichung, Säkularisierung. Aber obwohl hier augenfällige Anschlußstellen zu Weber bestehen, hat sich der Klassiker des Fachs nie wirklich durchgesetzt, nicht bei Desroches in seinen *Sociologies religieuses*, bei Séguy erst in den siebziger Jahren und nur im Zusammenhang seiner Beschäftigung mit den protestantischen Sekten. Dieser nicht unbedingt ausgeprägte Widerstand, insgesamt aber doch nur schwache Eindruck Webers auf die französische Religionssoziologie nach dem Krieg – auch die beiden Aufsätze Bourdieus bleiben in den *Archives* unerwähnt – ist bis heute gerade in jenem Fach erkennbar, aus dessen historischen Anfängen er sich nicht wegdenken läßt, zu dessen theoretischer Grundlegung er wie kaum ein anderer beigetragen hat. Der »Fremde« unter den »Randständigen«: auch dies scheint keine besonders günstige Ausgangslage für Webers Wahrnehmung in Frankreich gewesen zu sein.

Stattdessen kommt Weber erst zu einem gewissen »Ruhm«, als jene in den 30er Jahren herangewachsene Generation wortmächtig wird, in deren intellektuelle Auseinandersetzungen dann schließlich auch der seltsame Fremde einbezogen wird: es ist die Generation um Raymond Aron und Jean-Paul Sartre, die dem intellektuellen Feld nach dem

---

23 Halbwachs, Les origines puritaines du capitalisme, in *Revue d'histoire et de philosophie religieuse*, 2, 1925, S. 132–154 über die webersche »Protestantismus-These« und Max Weber: un homme, une œuvre, in der ersten Nummer der *Annales d'histoire économique et sociale*, 1929, S. 81–88, eine Würdigung des Menschen und Werks, verpackt als Buchbesprechung, des »Lebensbildes« von Marianne Weber.

Krieg seine großen Verstrebungen einzieht. Wenn wir wenigstens ansatzweise zu zeigen versuchen, weshalb und um welche Fragen dabei gerungen wird, dann geht das nur, wenn man sich die damalige Tatsache einer zweiseitigen, in ihren Dimensionen aufeinander verweisenden Revolution der »geistigen Verhältnisse« vor Augen führt: auf der einen Seite die massive *Politisierung* des intellektuellen Feldes nach dem Krieg, auf der anderen die zunehmende *Intellektualisierung* der akademischen Welt, zwei entscheidende »Kriegsschauplätze«, an denen auch Weber, nicht in vorderster Reihe, aber doch immer wieder gesichtet wird. Der zweite nimmt mit dem Versuch Gestalt an, die akademische Dogmengeschichte umzuschreiben, ein Versuch, der natürlich zuerst die universitäre Philosophie ins Ziel nimmt, jenes »Fach«, das sich nicht als solches versteht, sondern seinen Deutungsvorsprung im Verhältnis zu allen anderen bis dahin verteidigt hatte. Der epistemologische Kern dieser Infragestellung ist offenkundig genug: er richtet sich gegen den »rationalistischen« Geist der französischen Schulphilosophie und all ihre »positivistischen« Erscheinungen. Natürlich bleibt diese Infragestellung letztlich höchst vielgestaltig, aber der *boom* von Phänomenologie und Existentialismus, Hegelianismus und Marxismus gehen häufig Hand in Hand: zurück zu den »Dingen«, zur »Anschauung«, zum »Sein« will man dort, und auch zurück zu einer Dialektik der »Praxis«, die auf den politischen Gehalt der Anfechtung des »erstarrten« Faches verweist, eine »Stimmung«, die in einem ganzen Lebensstil dann ästhetisch gewendet wird – Intellektualisierung, Ästhetisierung und Politisierung solcher Fragen gehen in der damaligen Zeit zusammen, und mit Jean-Paul Sartre entsteht dann auch jene Gestalt, in der all diese Tendenzen zusammenfließen, der »Geist« kehrt der Universität erneut den Rücken, läßt sich an der *rive gauche* nieder.[24]

Mindestens ebenso entscheidend ist aber die damit unauflöslich verbundene *Politisierung* des intellektuellen Feldes. Schon vor dem Krieg, insbesondere dann auch in den Jahren der Volksfront, hatte es heftige Auseinandersetzungen über das Verhältnis der »Kultur« zur Kommunistischen Partei gegeben, ein Kampf um politisch begründete Geltungsansprüche in der Welt der Kunst und des »Geistes«. Nach dem Krieg nun gewinnt dies alles noch schärfere Konturen mit dem beispiellosen Einbrechen des Marxismus in die intellektuelle Diskussion, der die Grenzen des Feldes neu abzustecken unternimmt. Denn während sich *insgesamt*, bei den »Konservativen« und »Progressiven«, in Philosophie und Wissenschaft ein intellektuelles »Modell«, ein antiszientistischer Habitus und totalisierender Diskurs zurückmeldet, die beim da-

24 Vgl. zu Sartres »Unternehmen« und das daran angeschlossene »Feld« umfassend Anna Boschetti, *Sartre et »Les Temps modernes«*, Paris 1985.

maligen geistigen Nachwuchs auf fruchtbaren Boden fallen, teilt sich diese »Avantgarde« spätestens dort, wo es um *politische* Fragen geht. Das Feld, dessen herrschenden, durch die rationalistische Schulphilosophie verkörperten Fraktionen die Angriffe zunächst gelten, weist nun all den neuen »Meisterdenkern« auch politisch ihren Platz zu: Raymond Aron, der »bürgerliche Intellektuelle«, nicht nur mit der »Internationalisierung« seiner Soziologie, sondern gerade auch durch die Vereinnahmung Webers als »Wissenschaftstheoretiker«, mit seiner »Allergie« gegen den »profanen«, »postivistischen« Durkheim[25] – es ist kaum erstaunlich, daß er schnell zu einem »Priester« der neuen Avantgarde gehört, er, der mit seinem *Opium der Intellektuellen*, der Titel selbst rhetorischer Kunstgriff intellektueller Distanzierung, die Politisierung der Geltungsansprüche des Feldes scharf zurückweist.[26] Auf der anderen Seite Jean-Paul Sartre, der wie kein anderer auf dem schmalen Grat zwischen »geistiger Freiheit« und politischer Einmischung sein Unternehmen eines »existentialistischen Marxismus« auf den Weg bringt, zum »exemplarischen Propheten« wird. Und zwischen diesen beiden Antipoden, den »öffentlichen« Denkern, wie sie nur jene auch im akademischen Feld angekommene »Konjunktur der Krisen« nach dem Krieg hervorbringen konnte, in deren Nachwirken dann eine ganze Schar von ähnlichen »Charakteren« mit ganz unterschiedlichen »Rollen« – Deleuze, Lacan, Derrida, Foucault – die Bühne betritt, spannt sich ein Bereich, der von der eher »akademischen« Häresie Merleau-Pontys bis zur massiv politisierten Erneuerung des Marxismus bei Louis Althusser reicht.

Weber nun, der in diesem ungeheuer aufgeladenen Spannungsfeld zwischen wissenschaftlicher Achtbarkeit und politischer Ächtung umherirrt, wird regelrecht »gevierteilt«: auf der einen Seite der fremde »Klassiker«, der nach dem Krieg in Übersee mächtig »in Mode« kommt, einer, dessen Bedeutung gerade Aron auch in Frankreich als »Tatsache« durchsetzen hilft. Dann, im Gegenzug, der Bürgerliche, der Rechte, der

---

25 Schon 1935 erscheint Arons *La sociologie allemande contemporaine*, zu seinem letztlich erfolgreichen Versuch einer »Neugründung« der Soziologie *gegen* Durkheim *Les étapes de la pensée sociologique*, Paris 1967.

26 Und es verwundert nicht, daß er in Weber einen »Wahlverwandten« entdeckt: auch Weber ist ja ein »bürgerlicher Intellektueller«, der sich nicht nur mit erkennbarer Freude und einem fast unmäßig gesteigerten Selbstbewußtsein über die Gepflogenheiten des akademischen »Betriebs« hinweggesetzt, dem die Studenten, wie übrigens auch Simmel, massenhaft zu Füßen liegen, sondern gleichzeitig auch die politischen Illusionen eines Teils der jungen Generation schonungslos aufspießt, nicht ohne in jenem damals vorherrschenden »Zeitgeist« regelrecht »aufzublühen«, vgl. Scaff, *Fleeing the Iron Cage*, insbesondere Kapitel 6.

Nationalist: diese politisch-moralischen Beimengungen gibt es schon, seitdem sich Julien Freund und die »Straßburger Schule« Webers angenommen hatten, jetzt, als Aron ihn »lanciert«, ist die Antwort der marxistischen Fraktion unabwendbar – wenn Weber dort überhaupt gelesen wird, dann unter diesem mächtigen Vorbehalt und nur im Hinblick auf seine »Staatstheorie«, seine Sicht »bürokratischer Herrschaft«. Umgekehrt gilt er, dessen »Wissenschaftstheorie« akademische Geltung verspricht, als bloßer »Positivist«: die epistemologische Verdammung durch eine »neue« Philosophie trifft sich mit der politischen der Marxisten – wer hier Ähnlichkeiten zum Schicksal Webers im Nachkriegsdeutschland entdecken wollte, würde wohl schnell fündig. Es sind nur wenige, die Weber unbefangen lesen, Merleau-Ponty gehört dazu, aber auch hier spielen immer wieder politische Fragen hinein: in seinen *Abenteuern der Dialektik* geht es ganz zu Beginn um Webers »Dualismus« von Erkenntnis und Handeln, die Lücke zwischen Objektivität des »Verstehens« und »pathétique moral« – der Versuch, diese säkuläre Grenze hervorzuheben, setzt ihn später, als er sich in »Humanismus und Terror«, wie alle damals, zum Stalinismus äußert, den Verdacht aus, ein »Rechter« und »Reaktionär« zu sein. Für Bourdieu allerdings, der Merleau-Ponty als junger Philosoph liest, der später dann Mitarbeiter Arons wird und gegen dessen Weber er seinen eigenen setzen wird, stellen sich diese Dinge schon früh ganz anders dar, »quer« zu den inneren Grenzen, die das intellektuelle Feld seiner Zeit hier einziehen will. Auch er liest Weber »unbefangen«, als »Fremder«, und es trifft sich, daß ihm mit seiner Religionssoziologie ein Fundstück, ein – gerade auch im Hinblick auf den damaligen »Übersetzungsnotstand« – »Fragment« in die Hände fällt, das zu seinen frühen intellektuellen Neugierden und ersten wissenschaftlichen Erfahrungen auf wundersame Weise »paßt«.[27]

---

27 Im Zusammenhang mit der Wirkungsgeschichte Webers in Frankreich muß sicher auch ein Wort zu den Verfügungsmöglichkeiten über das Werk gesagt werden, spiegelt doch die Geschichte der Übersetzungen des Klassikers mit all ihren Lücken, Einseitigkeiten und Verzögerungen den Verlauf der Kämpfe um seine Aneigung wieder. Zwar gibt es schon in den fünfziger Jahren einige wenige Übertragungen, auf Betreiben der »Straßburger Schule« um Julien Freund, die Auswahl scheint dabei aber einigermaßen willkürlich, und auch die entscheidenden begrifflichen Wendungen sind hier oft nicht sehr glücklich ins Französische gebracht worden. Den ersten wirklichen Sprung in die fremde Sprache macht dann erst, und wie selbstverständlich, die *Protestantische Ethik*, erschienen 1964, im Jahr darauf folgt die *Wissenschaftslehre*, fünf Jahre später das *Antike Judentum*, bis heute aber liegt das Werk nur bruchstückhaft vor. Wenn wir allerdings sehen, daß man sich auch in Deutschland erst seit 1984 um eine Gesamtausgabe bemüht, wären allzu strenge Urteile über die französischen »Zustände« sicher verfehlt. Das, was man auch hier von Weber am besten kennt,

Von Weber aus und zu Weber zurück

Habitus, soziale Reproduktion und symbolische Gewalt

Wenn wir nun vor dem Hintergrund dieser ganz eigentümlichen Stellung Webers in der damaligen französischen Geisteslandschaft seinen Einfluß auf die bourdieusche Soziologie »sachlich« abzuschätzen versuchen, dann geschieht dies nicht zuletzt auch in Erinnerung an den paradigmatischen Charakter der weberschen Soziologie zu ihrer Zeit. Es wären die beiden vorangegangenen »Exkurse«, der Hinweis auf die Geburtsstunde der neuen Wissenschaft um die Jahrhundertwende und die Wirkungsgeschichte Webers im Nachkriegsfrankreich nicht nötig gewesen, hätte man es hier mit einer »liturgischen« Verwandtschaft zu tun, mit den »Einflüssen« eines großen gedanklichen Vermächtnisses auf die Nachgeborenen.[28] Stattdessen ist es der Unruhezustand einer erneuten Bestimmung der *epistemologischen* Koordinaten in jener »Wissenschaft vom Menschen«, der diese Zeiten so nahe aneinander rückt: die Fragen scheinen sich anders zu stellen, neue Bürgen werden benannt, und doch läßt sich eine seltsame Wiederholung früherer Ausein-

---

die *Protestantische Ethik*, die *Wissenschaftslehre* und *Politik als Beruf*, ist auch dort spätestens in den siebziger Jahren vorhanden gewesen. Und von *Wirtschaft und Gesellschaft*, einem Fragment, um dessen »legitime« Zusammenstellung bis heute gestritten wird, liegt in Frankreich zwar immer noch nur der erste Halbband vor, aber auch in Deutschland ist der zweite zu großen Teilen ein herausgeberisches Konstrukt, die Neubearbeitung immer noch nicht abgeschlossen. In den letzten Jahren hat man sich auch in Frankreich wieder verstärkt um Weber gekümmert, vor allem um eine übersetzerische Neubearbeitung der »Religionssoziologien«. Vor einigen Jahren erschienen ist die *Sociologie des religions* in der Übersetzung von Jean-Pierre Grossein bei Gallimard, Paris 1996, eine Art Sammlung der »synthetischen« Teile der weberschen Religionssoziologie, angefangen mit der letzten »Antikritik« zur *Protestantischen Ethik*, gefolgt von den Abschnitten zur »Gemeinde« und den »Erlösungwegen« aus der Religionssoziologie in *Wirtschaft und Gesellschaft*, dann die »Politische und hierokratische Herrschaft« aus dem zweiten Halbband, zudem zwei Einführungen und die »Zwischenbetrachtung« aus der *Wirtschaftsethik der Weltreligionen*, zuletzt die »Vorbemerkung« zu den *Gesammelten Aufsätze zur Religionssoziologie*. Und schließlich ist seit kurzem auch eine von Isabelle Kalinowski besorgte Neuübersetzung der *Protestantischen Ethik* verfügbar.

28 Es ist Bourdieus Soziologie selbst, die zu solch »hermeneutischen« Deutungsversuchen der »Produktion symbolischer Güter« einen eindrucksvollen Gegenentwurf geliefert hat, angefangen mit *Le champ scientifique* in *Actes de la recherche en sciences sociales* 2–3, 1976, S. 88–104, bis hin zum *Homo academicus*, Frankfurt 1988 oder den *Regeln der Kunst*, Frankfurt 1999.

andersetzungen erkennen, was man schon gerettet glaubte, steht wieder inmitten der Kämpfe widerstreitender Paradigmen.

Pierre Bourdieus Soziologie ist immer im Fluß gewesen und bis heute lebendig und vielgestaltig geblieben, die Zeit allerdings, in der sich ihre wesentlichen Züge entwickeln, deckt sich mit jenem gleichzeitig wissenschaftlichen und politischen Umbruch, von dem schon die Rede war. Denn selbst wenn erst während der 70er Jahre, deren Abschluß dann *La Distinction* 1979 und *Le Sens pratique* 1980 bilden, die Grundgedanken des Werks zu einem dichten, geschlossenen Ganzen zusammenwachsen, die entscheidenden Anlagen reifen schon ein Jahrzehnt zuvor heran – zwischen *Sociologie de l'Algérie* 1958 und *Genèse et structure du champ religieux* 1971 entsteht all das, was später dann immer wieder erweitert, immer wieder vertieft, immer wieder neu geordnet werden sollte, zu einer forschungsgesättigten »Ökonomie der Praxisformen«. Weber ist dabei nur einer der Stichwortgeber, und es wäre sicher falsch, hier eine Verbindung zu behaupten, die einer Art »Patenschaft« gleichkäme, Bourdieu ist mit dem soziologischen Erbe immer sehr eigenwillig umgegangen, und auch hier setzt er sich schließlich von Weber ab. Aber wenn man auch die entscheidenden Auseinandersetzungen während dieser Zeit des Umbruchs nicht aus dem Blick verlieren sollte, durch die sich Bourdieus Soziologie ihren Weg bahnt: Weber bleibt hier doch immer gegenwärtig. Versuchen wir wenigstens kurz, diesem Weg zu folgen.

Vielleicht ist es die Erfahrung einer gleich mehrfachen Entfremdung, mit der sich die bourdieusche Soziologie zu entwickeln beginnt. Lassen wir einmal die im engeren Sinne soziobiographische Ausgangslage beiseite, des jungen Philosophen aus bescheidenen Verhältnissen, groß geworden am Rande des »eigentlichen« Frankreichs, der sich in der *école normale supérieure*, Schmiedestätte seines geistigen Nachwuchses, nicht recht einfügen kann. Bedeutsamer sind wohl die folgenden Jahre, denn das Gefühl der Fremdheit dort wiederholt sich auf ganz andere Weise, als Bourdieu einen seltsamen »Waffendienst« in Algerien antritt. Denn nach der Ableistung seiner Wehrpflicht beginnt er, im Rahmen einer Anstellung an der Universität von Algier, bewaffnet mit Tonbandgerät, Papier und Bleistift, begleitet und geführt von Abdelmalek Sayad, zu dem damals eine lebenslange Freundschaft entsteht, durch das besetzte Algerien zu reisen, oft unter abenteuerlichsten Umständen: den Philosophen holt hier eine Wirklichkeit ein, von der die intellektuellen Diskussionen in der Hauptstadt nicht nur geographisch meilenweit entfernt scheinen. Und mehr als das. Bourdieu beschleicht oft das Gefühl, nicht zu »verstehen«, was hier vor sich geht, er trifft auf eine Gesellschaft, eine ganze »Welt«, die sich im Umbruch befindet, und mit ihr das Wahrnehmen, Denken und Handeln der Menschen, eine seltsame

Dissonanz, eine scheinbare Inkohärenz der Verhaltensmaßstäbe, die das Aufeinandertreffen zweier »Kulturen« erzeugt, ein Konservatorium alter und Laboratorium neuer Lebensweisen, die in ihrer Gegensätzlichkeit – jede auf die andere – einen »Verfremdungseffekt« ausüben, dessen entschleiernde Wirkung sie schließlich in ihrer nackten »Positivität« freilegt.

Wir dürfen dabei nicht vergessen, daß sich dort fast zwangsläufig eine »epistemologische Verunsicherung« einstellen mußte – wenn man sich nämlich vergegenwärtigt, wie sehr das philosophische Denken der ersten Jahrhunderthälfte, und gewiß nicht nur in Frankreich, von anthropologischen Strömungen begleitet wurde, die als »Gegenentwurf« zur bis dahin geltenden Vorherrschaft des Rationalismus in den »praktischen« Kategorien des Weltverhältnisses fündig zu werden versucht hatten. Wie immer dieser Versuch auch ausgefallen war, es gab hier von Bergson über Lévy-Bruhl bis zu Merleau-Ponty eine Tradition, die zwar in unterschiedliche Richtungen wies, ihren nachhaltigen Eindruck aber gerade auch dem Vergleich des »primitiven«, des mythischen, scheinbar »irrationalen«, scheinbar ganz »anderen« Denkens mit unserem heutigen verdankte. Jedenfalls mußte Bourdieu, den jungen Philosophen, auf den gerade Merleau-Ponty nicht ohne Wirkung geblieben, der in seinem letzten Jahr an der *école normale* aber schon mit der Soziologie Durkheims in Berührung gekommen war, zumindest die Ahnung beschleichen, daß dies zwar alles in irgendeiner Weise Bedeutung hatte – Durkheims Religionssoziologie, die bei den »Primitiven« dem Verhältnis von »mentalen« und »sozialen« Strukturen nachspürt, der Versuch, die »primitiven Formen der Klassifikation« zu entschlüsseln, schließlich auch Marcel Mauss und seine »totale« Soziologie des Gabentausches boten dazu genügend Hinweise. Diese Fragen waren hier aber, so hatte es den Anschein, sehr viel konkreter anzugehen.

Während seiner ethnologischen Forschungen nun erinnert sich Bourdieu an Weber, dem er in Merleau-Pontys *Abenteuer der Dialektik* schon begegnet war, er läßt sich die *Protestantische Ethik*, damals und noch Jahre danach nur in ihrer ursprünglichen, der deutschen Fassung zu haben, von einem Freund aus Paris kommen, übersetzt ganze Abschnitte für den Eigengebrauch und: macht dabei erstaunliche Entdeckungen. Denn hier ist es zunächst der »spiritualistische« Weber, der einen so starken Eindruck hinterläßt – hinter dem orthodoxen Klassiker der »Wissenschaftslehre« taucht ein Weber auf, den der marxistische *chic* in Paris angestrengt zu verdrängen versucht, jener genaue historische Beobachter *praktischer* Lebensentwürfe, in denen »geistig-seelische« Verhaltensmaßstäbe untrennbar mit einem sehr handgreiflichen, ganz »materialistischen« Wirtschaftsgebaren verschwistert sind. Vor dem Hintergrund seiner ethnographischen Feldforschungen in Algerien fragt nun Bourdieu, ganz so, wie er es bei Weber vorgedacht findet, nach den Möglichkeitsbedingungen einer spezifischen ökonomischen Rationalität, dem »Geist des Kapitalismus«, dessen »Verfleischlichung« im *homo oeconomicus*, nach den »Einstellungen«, die eine kapitalistische Wirtschaftsordnung ermöglichen oder ihrer Verwirklichung in den »Köpfen« entgegenstehen – und stößt bei den unterschiedlichen Gruppen gerade auf religiöse Vorstellungen, die mit einer verblüffend unterschiedlichen Anpassungsfähigkeit an die Logik marktwirtschaftlichen Handelns einhergehen, wie sie die Kolonialgesellschaft in Algerien als eine allgegenwärtige Tatsache, als gebieterischer kultureller Verhaltensentwurf und überlegen ökonomische Ordnung zu erzwingen antritt. Das *missing link* zwischen »Rationalismus« und »Materialismus«, jenem eigentümlichen und verwirrten Gegensatz, der damals und bis heute eine scheinbar epistemologische Grenze – zum Empirismus – mit einer scheinbar epistemischen – zum »Spiritualismus« – verwechselt, und nicht zuletzt deshalb, weil beide, »Vernunft« gegen »Herrschaft«, einer ideologischen Grenze nachempfunden sind, nimmt hier für Bourdieu zum ersten Mal Gestalt an: religiöse Einstellungen sind nicht nur ein schlichtes Epiphänomen ökonomischer Tiefenstrukturen, sondern sie können, innerhalb bestimmter soziohistorischer Rahmenbedingungen, selbst zu einer treibenden Kraft ökonomischer Rationalisierung werden – eine »Vernunft« aber, die der *Praxis* entspringt. Denn wenn Bourdieu hier mit dem Weber der *Protestantischen Ethik* die damalige marxistische Orthodoxie überholt, dann weisen doch die eigenen Fragen weiter: es ist nicht nur die – für Weber noch ganz selbstverständliche – Tatsache der *historischen Gewordenheit* einer spezifischen »Wirtschaftsgesinnung«, von der Bourdieu nun einen anschaulichen Eindruck bekommt. Sondern die »Anschauung« der unterschiedlichen gesellschaftlichen Gruppen, der – mehr oder weniger – »kohärenten« *praktischen* Lebensentwürfe läßt das Gefühl entstehen, daß die »Charakterologie« Webers noch einiges mehr für jene Fragen hergab, die der zunächst unentwirrbare »Herrschaftskomplex« der kolonialen Gesellschaft stellte – es sollten Fragen der »Herrschaft« selbst sein.[29]

---

29 Bourdieus anfängliche »Ethnologie« der algerischen Gesellschaft ist ertragreich: zunächst die Bücher *Sociologie de l'Algérie*, Paris 1958, in Zusammenarbeit mit Darbel, Rivet und Seibel dann *Travail et travailleurs en Algérie*, Paris-La Haye 1963 über das algerische Proletariat und Subproletariat, mit Abdelmalek Sayad schließlich *Le déracinement*, Paris 1964, eine Untersuchung zur Auflösung bäuerlicher Wirtschaftsformen in Algerien, begleitet all dies von Vorarbeiten und Nachträgen in verschiedenen Zeitschriften, sehr viel später noch eine Zusammenfassung in *Algérie 60*, Paris 1977, jetzt als *Die zwei Gesichter der Arbeit*, Konstanz 2000.

Als Bourdieu mit diesem Gepäck nach Frankreich zurückkehrt, mit »seinem« Weber, ganz unbelastet vom ideologischen Gewicht der Pariser Lagerkämpfe, sieht er sich einer neuen, schon zur »Mode« gewordenen theoretischen Strömung gegenüber, die in dem Augenblick einsetzt, als Bourdieu Frankreich verläßt: 1955 hatte Claude Lévi-Strauss die *Traurigen Tropen* veröffentlicht, drei Jahre später dann seine *Strukturale Anthropologie* – der Strukturalismus war jedenfalls »im Gespräch«. Bourdieu, der nun an der Universität von Lille lehrt und dort den Zuhörern die »Klassiker« des Faches, angefangen mit Marx, natürlich Durkheim, vor allem aber auch Weber nahezubringen versucht, ist davon zunächst nicht sonderlich beeindruckt, ihn beschäftigen noch die aus Algerien mitgebrachten Fragen, nach den Bedingungen der Herausbildung jenes besonderen ökonomischen Habitus, dessen geschichtliche Bedeutung Weber dann in so einzigartiger Weise hatte greifbar werden lassen. Und wenn Bourdieu Weber in seiner »historischen« Religionssoziologie folgt, um den damals allgegenwärtigen ökonomischen Determinismus der Marxisten »spiritualistisch« zu überrunden, dann drängte sich hier immer mehr ein zweiter Schritt auf: eine materialistische Wendung dieser Erkenntnis, der Versuch, Weber nun mit Marx einzuholen, die webersche Frage in marxschen Begriffen zu stellen, als Frage nach den »materialen«, ökonomischen und sozialen Möglichkeitsbedingungen eines je besonderen ökonomischen Habitus.

Wieder scheint es zunächst die unmittelbare »Anschauung«, die Bourdieu den Weg weist, ein eigentümliches, zweischneidiges Erlebnis: seine Untersuchungen über das bäuerliche Heiratsverhalten im heimatlichen Béarn. Zwei Jahrzehnte später hat Bourdieu in einem Gespräch den seltsamen »Verfremdungseffekt« geschildert, der sich nach seinen Erfahrungen in der algerischen Übergangsgesellschaft nun während dieser »Ethnologie« der eigenen, ganz nahen Lebenswelt einstellte, eine Entdeckungsreise, die mehr als eine der mitgebrachten Vorstellungen über die Zusammenhänge menschlichen Handelns fragwürdig erscheinen ließ.[30] Bourdieu sieht sich veranlaßt, seine Begriffe neu zu ordnen: nachdem sich schon in Algerien – und gerade *mit* Weber – gleichzeitig der »klassische« Handlungsbegriff des »methodischen Individualismus« und der vulgäre neomarxistische Determinismus aufgelöst hatte, zugunsten einer sehr viel wirklichkeitsnäheren Vorstellung des hinter ganz unterschiedlichen »Haltungen« liegenden »praktischen Sinns«, wird nun nach dem marxschen ein zweiter Determinismus umgestoßen – das strukturalistische Paradigma von der Macht der »Regel«. Bour-

30 Von der Regel zu den Strategien, in *Rede und Antwort*, Frankfurt 1992, S. 79–88.

dieu, mit seinem in Algerien geschulten Blick für die praktischen Konjunktionen und Disjunktionen im Handeln bestimmter Gruppen, ihren »eigensinnigen« Umgang mit Zeit, Arbeit, Geld, Ehre, spürt dort Sinnhaftes auf, wo Kopflosigkeit zu herrschen scheint: das Heiratsverhalten als ein Ensemble von praktischen, nicht immer bewußten, aber mehr oder weniger »zwangsläufigen« *Strategien*, in denen die materiellen Entstehungsbedingungen und Bestandsvoraussetzungen des Verhältnisses von ökonomischer und sozialer Produktion und *Reproduktion* eingeschrieben sind. Im Béarn, einer Welt im Übergang wie die algerische Gesellschaft, ausgezehrt von der Abwanderung der Jungen in die Städte, die das traditionelle Gefüge der bäuerlichen Reproduktion in Frage stellt, zeigt das Heiratsverhalten eine gerade im Angesicht der neuen Verhältnisse jeweils so eigentümliche Logik, daß ihr Sinn nur im Rahmen einer *praktischen Geschichte* des materiellen und *symbolischen* Tauschs bei der Weitergabe des »Erbes« verständlich wird. Die »Regel« ist eine Vorschrift, deren »Sinn«, deren »Richtung« sich erst in ihrer praktischen Verwirklichung bildet.[31]

Wenn sich Bourdieu hier sträubt, die, wie es Marx ausgedrückt hatte, »Dinge der Logik mit der Logik der Dinge« zu verwechseln, dann haben wir es mit einem bestimmenden Zug seines Denkens zu tun, nämlich dem dauernden und hartnäckigen Versuch, die theoretischen Grundlagen der wissenschaftlichen Begriffsbildung zu hinterfragen, dem dort immer wieder auftretenden Hang zur *Verdinglichung* entgegenzusteuern. Im Laufe der sechziger Jahre zeigt sich dies in seiner Auseinandersetzung mit den Auffassungen des Strukturalismus – Bourdieu weigert sich, den eben erst entzauberten »marxschen« Objektivismus gegen einen neuen eintauschen zu müssen, der das menschliche Handeln als besinnungslose Regelerfüllung begreift.[32] Und während er gleichzeitig an einer Art »häretischem Kanon« der Sozialwissenschaften arbeitet, der dann schließlich in *Soziologie als Beruf* einen ganz eindrücklichen Niederschlag findet,[33] beginnt seine ei-

---

31 Célibat et condition paysanne, in *Etudes rurales* 5–6, 1962, S. 32–136, thematisch erneut aufgenommen mit Les stratégies matrimoniales dans le système de reproduction, in *Annales* 4–5, 1972, S. 1105–1127, davon Teile in Boden und Heiratsstrategien, *Sozialer Sinn*, Frankfurt 1987, S. 264–287.

32 Einen Überblick über die »geistigen Strömungen« nach dem Krieg in Bourdieu/Passeron, Soziologie und Philosophie in Frankreich seit 1945: Tod und Wiederauferstehung einer Philosophie ohne Subjekt, in Wolf Lepenies (Hrsg.), *Geschichte der Soziologie*, Bd. 3, S. 496–551, auch Strukturalismus und soziologische Wissenschaftstheorie, *Zur Soziologie der symbolischen Formen*, Frankfurt 1970, S. 7–41.

33 Beginnend mit Sociologie des mythologies et mythologies des sociologues, in *Les temps modernes* 211, 1963, S. 998–1021, über eine Kritik der Hand-

gene, »positive« Begrifflichkeit Gestalt anzunehmen: in seinem Nachwort zur französischen Übersetzung von Panofskys *Gothic Architecture and Scolasticism* ist der Begriff des *Habitus* bereits »fertig«, ein Entwurf, in dem sich schon alle Möglichkeiten zeigen, die später dann der Begriff des Feldes verwirklichen wird.[34] Den Weg dorthin ebnen aber nicht zuletzt die handfesten Forschungsarbeiten dieser Jahre, denn sie handeln nur von Einem, der materialen, der sozialen Verfassung des Immateriellen, der symbolischen Formen, von der »Kultur« – Fragestellungen, in deren bedingungsloser Fortführung Bourdieu schließlich jene zwar immer noch strittige, in ihrer Bedeutung aber kaum angezweifelte Revolution des Denkens innerhalb der Sozialwissenschaften angestoßen hat, eine Revolution, deren Möglichkeiten in *Die feinen Unterschiede* schließlich beeindruckend vorgeführt werden.

Es ist zunächst die Bildungssoziologie, von der dies alles seinen Ausgang nimmt, und auch hier wieder der Versuch, das ganz Naheliegende einer »Ethnologie« zu unterziehen, Bourdieu, der Lehrer, macht sich die Schüler zum Gegenstand: *Les Heritiers*, die »Erben«, zeigt unter der beginnenden Öffnung des damaligen französischen Bildungswesens die Fortdauer tiefreichender Mechanismen der kulturellen Reproduktion sozialer Hegemonie, die »Vererbung« jenes »praktischen Sinns« für die »richtige Wahl« der »Erwählten«, durch den die Bildungsaneignung zu einem Vorgang sich gegenseitig verklärender »Spiele« der sozialen Auslese und ihrer kulturellen Verallgemeinerung wird.[35] Und eben diese sozialen Anfangsgründe der Wirksamkeit kultureller »Wahl«, des »Geschmacks«, hat Bourdieu, erneut mit dem Blick des »Ethnologen« für die Kraft jenes »magischen« Denkens und Handelns, das die Verklärung der »Dinge« und die Verdinglichung dieser Verklärung so zwingend ineinander zu setzen imstande ist, in seinen Untersuchungen über die sozialen Hierarchien des Konsums symbolischer Güter, über die nur »minderwertige« Kunst der Photographie und die Fetischismen der musealen Kunstwahrnehmung freizulegen versucht,[36] bis zu den Grundlagen einer dann in ihren wesentlichen Zügen umrissenen »Theorie der symbolischen Gewalt«, die gleichzeitig als eine Art »Charakterologie« des »Bildungsmenschen«

---

lungstheorie in der *Revue française de sociologie* 7, 1966, S. 201–223, bis zu *Le métier de sociologie*, Paris 1968, *Soziologie als Beruf*, Berlin 1991, ohne hier die vielen »Zwischenstücken« zu erwähnen, die in diesen Jahren veröffentlicht werden.

34 Der Habitus als Vermittlung zwischen Struktur und Praxis, *Zur Soziologie der symbolischen Formen*, S. 125–158.

35 Daraus Teile in *Die Illusion der Chancengleichheit*, Stuttgart 1971.

36 *Un art moyen*, Paris 1965, hier als *Eine illegitime Kunst*, Frankfurt 1981, und *L'amour de l'art*, Paris 1966.

auftritt[37] – die Verdoppelung der sozialen Ordnung in der kulturellen, dort, wo Durkheims ehemalige Frage aufscheint, wie soziale Ordnung *überhaupt möglich* sei, deshalb nämlich, weil sie *geglaubt* wird, weil die Entsprechung *gleichursprünglicher* sozialer und mentaler Kategorien »notwendig« ist, zeigt sich bei Bourdieu als Praxis einer »wohlbegründeten Illusion«, die den »Haltungen« des Einzelnen in unterschiedlichsten sozialen Gruppen, dem *Habitus* als ihr Werkzeug und Werkstück eingeschrieben wird. Nur in den Menschen gewinnt die soziale Ordnung jenen gestaltbaren »Stoff«, der ihre eigene Verklärung betreiben kann. Bourdieu ist mit diesen beiden Fragen, nach der »Lebensführung« und der Geltung, die sie auf sich zieht, Fragen, die am Ende auf die Anfangsgründe von »Herrschaft« zielen, wiederum bei Weber angelangt.

Mit Weber über Weber hinaus

Von der Ökonomie des Heilsgeschehens zu einer Theorie der sozialen Welt

Behalten wir diese Entwicklung im Gedächtnis, um Bourdieus neuerliche Beschäftigung mit Weber zum Ende der sechziger Jahre – und gerade mit seiner Religionssoziologie – richtig einschätzen zu können. Der Anlaß scheint geradezu »gewöhnlich«: Bourdieu hält eine Vorlesung über Webers Religionssoziologie aus *Wirtschaft und Gesellschaft*. Es läßt sich gut vorstellen, daß es hier zunächst um die »Sache« selbst geht, zu hören, was hier ein »Klassiker« des Fachs und einer der Begründer dieses ihrer Unterzweige mitzuteilen hat. Wenn wir uns aber auf den wesentlichen Unterschied besinnen, den der Abschnitt aus Webers großartigem Fragment zu seiner *Protestantischen Ethik* aufweist, auf der einen Seite ein *historischer* und »spiritualistischer« Blick auf die Entwicklung des Kapitalismus, zudem eine Art »Charakter-

37 Différences et distinctions, in Darras, *Le partage des bénéfices*, Paris 1966, S. 117–129, ebenso La transmission de l'héritage culturel, S. 383–420, dann Condition de classe et position de classe, in *Archives européennes des sociologie* 7, 1966, S. 201–223 und Champ intellectuel et projet créateur in *Les temps modernes* 246, 1966, S. 865–906, beide in *Zur Soziologie der symbolischen Formen*, S. 42–74 und 75–124, weiterhin Sociologie de la perception esthétique, in *Les sciences humaines et l'oeuvre de l'art*, Brüssel 1969, S. 161–176 und 251–254, *La reproduction*, Paris 1970, Teile in *Grundlagen einer Theorie der symbolischen Gewalt*, Frankfurt 1973, auch schließlich Champ de pouvoir, champ intellectuel et habitus de classe, in *Scolies* 1, 1971, S. 7–26.

bild« des modernen Wirtschaftsmenschen, auf der anderen jene bei Weber so eindringliche, seine *typologische* Zugriffsweise auf den Gegenstand, dann kann man nachvollziehen, was dieser Unterschied auch für Bourdieu geleistet haben mag: vom »algerischen« Weber aus, dessen Perspektive sich für ein Verständnis der traditionellen »Wirtschaftsgesinnung« so sehr anbot, stößt er auf einen Weber, der in seiner »systematischen« Religionssoziologie – denn nichts anderes ist ja mit dem dicht gedrängten Eintrag in das »Lehrbuch« der Sozialökonomik beabsichtigt – ein großes, auf seine Herrschaftslehre schon deutlich eingestelltes, gleichzeitig »psychologisches« und »soziologisches« Universum auseinandersetzt.[38] Wenn daneben die *Wirtschaftsethik der Weltreligionen* versucht, Webers drängende Frage nach den einzigartigen Bedingungen der »universalhistorisch« bedeutsamen Heraufkunft des Kapitalismus vergleichend zu beantworten, eine ungeheure Fragestellung, in deren Verlauf dann auf wenigen Seiten die Grundzüge seiner Herrschaftslehre festgehalten werden, das sich aber vor allem auf *soziale Schichten* als »Träger« bestimmter Wirtschaftsgesinnungen bezieht – in Webers einschlägigem Abschnitt zu *Wirtschaft und Gesellschaft* ist dieser Blick dann nochmals so stark gebündelt, daß gerade dort die »systematischen« Potentiale dieses Denkens für Bourdieu anschlußfähig werden können: Webers durch und durch »herrschaftssoziologisch« geladene Typologie religiöser »Berufe«, die hier als Kampf um die Verfügung über die legitimen Mittel der Gnadenspendung, über die »Heilsgüter« entworfen ist, sieht hinter den einzelnen »Heilsunternehmen« nicht nur eine robust »materielle« Unterlage, sondern eine mit der darein geflochtenen sozialen *Stellung* einhergehende *Einstellung*, eine »Attitüde« und einen »Gestus« am Werke, dessen Arbeit an der Darreichungsform der »Heilsgüter« dann auf *typische* Weise dem »Heilsbedürfnis« unterschiedlicher sozialer Gruppen entspricht – ein sozial geprägter Charakter religiöser »Folgsamkeit«, den Weber in seiner Herrschaftslehre »ideal« zu ordnen versucht hatte.[39]

---

38 Natürlich läßt sich darüber streiten, ob hier der Begriff des »Systematischen« für einen Weber angemessen ist, der doch eine ausgeprägte Abneigung gegen jede Art von »Logizismus« in der Sozialwissenschaft an den Tag gelegt, bisweilen richtiggehend »zur Schau« gestellt hat. Unstrittig ist doch aber wohl, daß es Weber in *Wirtschaft und Gesellschaft* darum ging, die vorhandenen Erkenntnisse in einer Weise zu ordnen, die sich nicht nur in einer Beschreibung erschöpfen konnte: wer die dahingehenden, oft geradezu hybriden Ansprüche Webers zur Kenntnis nimmt, wer dies bloße »Fragment« liest, kann nur zu diesem »systematischen« Schluß kommen.

39 An dieser Stelle wird auch deutlich, weshalb Durkheim für Bourdieu, zumindest in dieser Hinsicht, einen geringeren Stellenwert hat: weil, so jedenfalls die »allgemeine Auffassung«, der »Herrschaftsaspekt« in seiner

Wie geht Bourdieu mit diesem Stoff um? Um es vorwegzunehmen: seine beiden »systematischen« Arbeiten zur Religionssoziologie, *Eine Interpretation der Religion nach Max Weber* und *Genese und Struktur des religiösen Feldes*, stehen nicht nur chronologisch – veröffentlicht im Frühjahr und im Herbst 1971 – in einem sehr engen Verhältnis zueinander, sondern die zweite führt unmittelbar die Fragen der ersten weiter, und sie bezeichnet dabei einen echten »Entwicklungssprung«.[40] Denn natürlich handelt Bourdieus Aufsatz zur weberschen Religionssoziologie wenigstens »zur Hälfte« noch von Weber, tritt als »Exegese« eines »Klassikers« auf. Allerdings wird dem Leser schnell deutlich, daß er hier eine ganz eigenwillige »Interpretation« vor sich hat, eher eine »Variation« über Weber. Gerade weil Bourdieu aber diese Vorlage bis an die Grenzen ihrer Möglichkeiten treibt, sehen wir hier *beides* vor uns: eine »neue« Perspektive auf Weber selbst, und jenen dadurch eröffneten Horizont, der dann in Bourdieus zweiter Arbeit zur Religionssoziologie so weiträumig ausgemessen wird. Bourdieu hat Weber hier den Vereinnahmungen und Verkürzungen entzogen, die gerade auch in Frankreich den »Klassiker« zuerst als »Rationalisten« und »methodischen Individualisten« sehen wollten, und gleichzeitig dem Bann, den die marxistische Orthodoxie über diese deshalb so »bürgerlich« scheinende Soziologie ausgesprochen hatte: zu deut-

---

Religionssoziologie, in Durkheims Soziologie überhaupt, nur eine untergeordnete Rolle spiele. Ob dieser meist vorwurfsvolle Einwand berechtigt ist, sei hier dahingestellt – es sollte jedenfalls nicht unerwähnt bleiben, wie sehr gerade der Anschluß an Durkheim und Mauss im Hinblick auf die »Totalität« des Zusammenhangs von »sozialen und mentalen Strukturen« bei Bourdieu immer wieder bedeutsam wird, eine Vorstellung, für die Weber nicht allzu Verständnis aufbringen konnte: ihn beeindruckte »sein« *Charisma* wohl mehr als Durkheim das »totale« *Manna*. Wenn allerdings Bourdieu Weber am Ende »theoretisch« überrundet, dann doch nur mit Hilfe der »praktischen« Typologie, die dieser geliefert hatte. – Es erübrigt sich in diesem Zusammenhang fast die Bemerkung, daß hier bei Weber, für den die *Protestantischen Ethik* ganz andere Fragen stellte, der Einfluß *Nietzsches* gewaltig zu spüren ist. – Zuletzt noch: daß Weber seine »Herrschaftslehre« im Verlauf seiner »vergleichenden« Religionssoziologie, im Rahmen der *Wirtschaftsethik der Weltreligionen* entwirft, verweist nochmals auf den *paradigmatischen* Stellenwert eines Universums, in dem wie nirgendwo sonst die ungeheure und scheinbar so »irrationale« Intensität von Herrschaft und Geltung in der sozialen Ordnung erkennbar wird.

40 Die dritte bedeutende Arbeit zur Religionssoziologie wird dann eine groß angelegte empirische Umsetzung des in diesem Zusammenhang entwickelten Entwurfes sein – Bourdieus umfangreiche Studie zur »Heiligen Familie« der französischen Amtskirche, La sainte famille. L'épiscopat français dans le champ de pouvoir, in *Actes de la recherches en sciences sociales* 44–45, 1982, S. 2–53.

lich waren für Bourdieu, den »Außenseiter« die ideologischen Gegensätze hinter den epistemologischen. Wenn Weber aber in seiner Interpretation das meisterhafte Bild einer *materialistischen* »Theorie« der *symbolischen* Kämpfe liefert, die im Religiösen paradigmatisch soziale *Herrschaft* und sozialen *Glauben* ineinander setzen, dann wird schließlich der »Absprung« von Weber dort offenbar, wo dieser seine »idealtypischen« *Beziehungen* zwischen den Beteiligten, dem »Wettbewerb« der Heilsspender und der Fügsamkeit der Heilsempfänger, aus einem »realen« – und dabei ganz materialistisch gefärbten – Verhältnis ableitet. Bourdieu, der hier gerade die *Vermittlung* in der »Unmittelbarkeit« herausstellt, sieht dies anders: *konkret* ist bei ihm die Vermittlung selbst, und sie ist es deshalb, weil sie ein *generisches* Verhältnis der Praxisformen ausdrückt, die sich schließlich im Rahmen eines neuartigen, hier erstmals völlig durchgestalteten und im Wesentlichen *heuristischen* Begriffs, dem des »Feldes«, darstellen lassen.[41]

Gehen wir aber der Reihe nach vor. Bourdieu, dem schon die *Protestantische Ethik* so entscheidende Anregungen für seine ganz konkreten Fragen nach der »Psychologie« des modernen »Wirtschaftsmenschen« in Algerien geben konnte, hatte Weber nicht aus den Augen verloren. Was war nun von seiner »systematischen« Religionssoziologie zu erwarten, was vielleicht aus ihr zu gewinnen? Wenn bis heute der Beitrag Durkheims zu diesem nunmehr bloßen »Unterfach« der Soziologie darin gesehen wird, zwischen »Gesellschaft« und »Religion« einen – wenigstens für die »Ursprünge« – ganz allgemeinen und ganz engen Zusammenhang behauptet zu haben, dann steht Webers »systematischer« Entwurf in *Wirtschaft und Gesellschaft* seither für eine sehr viel farbigere, eine wirklichkeitsnähere, »psychologisch« dichtere und vor allem »sozial« differenziertere Sicht der Dinge: die Bezüge zu seiner Herrschaftslehre *und* zu den »Ständen und Klassen« sind hier jedenfalls immer deutlich gewesen. Sicher war auch für Bourdieu diese sehr plastische Art der Darstellung nicht ohne Reiz. Aber wichtig wird doch zunächst und vor allem Webers unbekümmert »diesseitige« Begründung des Heilsgeschehens. Dabei geht es nicht allein um seine fast skandalös materialistischen Hinweise auf die ganz handgreiflichen Vergütungen der religiösen »Berufsausübung« – Weber läßt hier selbst Marx weit hinter sich und er schießt dabei vielleicht mehr als einmal über das Ziel hinaus. Entscheidend ist hier aber wohl dies: daß Weber die religiösen Praktiken *selbst*, »Berufe« und »Beru-

41 Das »Feld« ist zwar schon in der bereits erwähnten Arbeit *Champ intellectuel et projet créateur* »namentlich« vorhanden, erst hier aber wird das ganze bourdieusche »Universum« in den später noch »gültigen« Begrifflichkeiten und allen Einzelheiten ausgeführt.

fungen« im Rahmen einer tatsächlichen »Ökonomie der Heilsgüter« versteht, die überall von Kämpfen, von einer Art »Wettbewerb« der »Anbieter« beherrscht wird und dabei eine »Nachfrage«, bestimmte »Heilsbedürfnisse« vorfindet, die eng mit der gesellschaftlichen Stellung unterschiedlicher Gruppen verbunden sind. Schon Webers Sprache ist hier »ökonomistisch« und sie wirkt dabei so rücksichtslos entschleiernd, daß man sich diesem Eindruck nur schwer entziehen kann.[42] Und schließlich flicht Weber in diese »Szene« seine Herrschaftslehre, ein Entwurf, auf den und der auf Bourdieu fast gewartet zu haben schien. Denn der Umgang mit diesem Kernstück der weberschen Soziologie ist ein Beispiel dafür, wie ungeheuer die Schwerkraft der Verdinglichung gerade auch in den »Wissenschaften vom Menschen« wirken kann: in Webers »psychologischer« Anlage geht es sehr viel weniger um jenes *historisch-politische* Format, auf das man sie später immer wieder gezwungen hat, sondern vielmehr um die »inneren« *Gründe der Fügsamkeit*, von denen *Autorität* in ein »natürliches« Licht getaucht wird. Bourdieu läßt sich nicht irre machen von Webers spröder Begriffsbestimmung, die »Herrschaft« als ein Verhältnis von *Befehl* und *Gehorsam* faßt: der Versuch, dem – »soziologisch amorphen« – Begriff von »Macht« ein festes, fast schon alltagssprachliches Kleid zu schneidern, kann nicht verdecken, daß es hier immer und nur um *Legitimität* geht, um *geltende* Machtverhältnisse, um Geltung als einen *psychologischen* Tatbestand, der immer eines *praktischen Einverständnisses* der Gewaltunterworfenen bedarf. Bourdieu hat für seine schon vorhandenen Ansätze zu einer »Theorie der symbolischen Gewalt« den sprachmächtigsten aller Zeugen gefunden.

Diese sehr eigenwillige Interpretation der Religionssoziologie Webers zeigt hier den orthodoxen »Klassiker« als Häretiker: nicht allein, weil er hinter dem nur scheinbaren Widerspruch einer »Ökonomie der Uneigennützigkeit« einen mit allen greifbaren Mitteln ausgefochtenen *Kampf* der daran Beteiligten ausmacht – der »Nietzscheaner« Weber ist oft genug als »Macchiavellist« gesehen worden, sobald seine Entblößung der Trugbilder des »bon sens« ins Schwarze traf.[43] Sondern auch und vor allem, weil er damit auch die *soziale* Dimension symbolischer Selbstverklärung ins Licht gerückt hat – die »Theodizee des

---

42 Es erübrigt sich, in diesem Zusammenhang erneut auf den starken Einfluß Nietzsches hinzuweisen, der dieser »schlagenden« Wirkung noch zusätzliche Wucht verleiht, eben auf den durchgängig *agonischen* Zug, den Webers Sprache besitzt.

43 Dies ist wohl der schlichte, aber offensichtlich bis heute nicht selbstverständliche Kern des weberschen »Postulats«: man möge doch bitte nicht »sachliche« Fragen mit »Wertfragen« vermischen. In aller Deutlichkeit dazu Hennis, *Max Webers Wissenschaft vom Menschen*, S. 93–172.

Privilegs« ist jener ungeheuerliche Begriff, mit dessen Nennung Bourdieu den »bürgerlichen« Weber vielleicht nicht zu einem »Linken«, wenigstens aber zum schonungslosen »Anatomen« sozialer Wahrheiten gemacht hat. Am Ende aber geht diese Deutung der weberschen Religionssoziologie auch über *diesen* Weber hinaus. Weber selbst hatte von Kämpfen um »Monopole« der Verfügung über die »Heilsgüter« gesprochen, Bourdieu treibt diese »ökonomistische« Begrifflichkeit auf die Spitze: was er bei Weber vorgedacht findet, wird zu einem umkämpften »Markt« der »Produzenten«, mit ganz eigenen »Interessen«, ausgestattet mit einem besonderen »Kapital«, deren jeweiliges »Angebot« dann auf ein sozial strukturiertes Feld der »Konsumenten« trifft – radikaler läßt sich allein der *semantische* Bruch mit dem »Spiritualismus« nicht aufzeigen. Und Bourdieu deutet auch Webers ganz entscheidenden Begriff des *Charisma* um: wenn schon in der Vorlage nicht nur die *Zurechnung* der »Gnadengabe« als eine Art Versammlung sozialer Krisenstimmungen angesprochen ist, sondern auch das *Verhältnis* des mit allen Zeichen der »Routine« ausgestatteten orthodoxen zum häretischen Entwurf, dann macht Bourdieu daraus eine nicht »naturnotwendige«, vielmehr den Kämpfen selbst eingeschriebene Geltungsgestalt, die jeder »vorgängigen« Grundlage entbehrt – eine kollektiv geschaffene und »kollektiv unterhaltene kollektive Fiktion«.

Diese »systematische« Überbietung des weberschen »Ökonomismus« will aber mehr: es ist nicht einmal nur die Vertiefung des »ethnologischen« Blicks auf alle Vorgänge der Schöpfung sozialer »Ehrfurcht«, die Bourdieu schon lange vorher, zuerst in Algerien, später dann bei seinen Untersuchungen über Schule und Hochschule, zum bürgerlichen Kunstgenuß entwickelt hat, all die Selbstverklärungen des »Bildungsmenschen«, die auf einer echt *sozialen* Verklärung aufbauen, die sich in der »Lebensführung« als sozial geordneter »Stilisierung des Lebens« begründet und bezeugt – daß sich in Klassenschranken gerade im weberschen Sinne »ständische« Schranken, Unterschiede der »Lebensführung« behaupten, hatte Bourdieu im selben Jahr schon dargelegt und er wird das immer wieder tun, bis alles dies in einem großen Gesamtbild, in *Die feinen Unterschiede* zusammenfließt. Vielmehr will diese »Ökonomie der symbolischen Güter«, wie sie am Ende der Interpretation Webers von Bourdieu entworfen wird, den ganzen dort aufgezeigten Zusammenhang »theoretisch« noch ein Stück weiter aus der »Unmittelbarkeit« rücken, und hier findet auch der »epistemische Sprung« statt, vom dem schon die Rede war, eine andere Art der »Überbietung«, die schließlich im Begriff des Feldes Gestalt annimmt: Bourdieu verwirft Webers »symbolischen Interaktionismus« für eine Vorstellung, die den *praktischen Sinn* des Handelns als Subjektivation der im Feld zum Ausdruck kommenden *objektiven*

Beziehungen faßt – eine strukturalistische Wendung des typologischen Bildes, das Weber gezeichnet hatte.

Versuchen wir uns diesen Schritt klar zu machen. Bourdieu folgt zunächst Webers ganz »diesseitigem« Blick auf das religiöse »Universum«, auch er erkennt dort Kämpfe, die sich, ausgehend von einer immer »vermachteten« Ordnung der Verfügungsgewalt über die Heilsgüter, um die Bewahrung oder Infragestellung eben jener Ordnung abspielen, und er folgt Weber auch dort, wo dieser die Herrschaftsverhältnisse innerhalb der Grenzen des »Heiligen«, des »Berufsstandes« selbst, in engste Beziehung zur Welt der »Weltlichen« setzt, zum »Heilsbedürfnis« unterschiedlicher gesellschaftlicher Gruppen – als *psychologischer* Ausdruck einer Selbstwahrnehmung, in die sich die *soziale* Ordnung eingeschrieben hat. Nur: wie ist jenes Verhältnis zu denken, das nicht nur die religiösen Praktiken aufeinander bezieht, sondern auch die von Durkheim vermutete Entsprechung »sozialer und mentaler Strukturen« stiftet? Webers Deutung jedenfalls greift Bourdieu zu kurz. Und tatsächlich: wenn wir uns die »idealtypische« Verdichtung der Zusammenhänge ansehen, die Weber herstellt, dann werden die Bedenken nachvollziehbar, die Bourdieu, der hier mit seinem schon durchgestalteten Habitusbegriff antritt, an dieser Stelle geltend macht. Denn auf der einen Seite ist bei Weber, einmal abgesehen von der vielleicht zu nackt und unmittelbar »materialistischen« Grundlage, die er in allen »Heilsunternehmen« wirken sieht, der Blick auf ihre zwar »systematisch übertriebenen«, also »idealtypischen«, dabei aber doch den *realen* Verhältnissen nachempfundenen Beziehungen gerichtet. Und auf der anderen Seite hat die psychologische Tiefe, mit der Weber – auch hier wieder abgesehen von ihrer »materialistischen« Unterlage, an deren Wirkmächtigkeit sich ja gerade ihre *symbolische* Geltung »messen« lassen muß – die unterschiedlichen Heils*bedürfnisse* »ideal« beschreibt, hat der »religiöse Habitus« gesellschaftlicher Gruppen bei Weber jene reale, *materiale* »Unmittelbarkeit«, die dem heuristischen Hinweis auf seine geradezu »natürliche« Entsprechung im *Symbolischen* alle Möglichkeiten entzieht.

Bourdieu versucht nun, den weberschen Entwurf gleichzeitig zu verfestigen *und* zu verflüssigen. Die zweite, die »genetische« Perspektive ist, wir haben es gesagt, schon seit geraumer Zeit vorhanden: sein *Habitus* als »strukturiertes und strukturierendes Prinzip«, als »generative Grammatik« der Praxisformen betont dort eine theoretische »Relativität«, wo bei Weber, dessen Soziologie sich, um zu »verstehen«, ganz an die »zweckrationalen« Mittel der »Charakterbildung« – Erziehung und »Abrichtung« – oder aber an jene Macht der »Gewöhnung« hält, die allein innere »Erweckung«, die Macht des Charisma zu durchbrechen in der Lage scheint, ein gleichsam »ideal« verdichteter, aus ungeheurem »weltgeschichtlichen« Hintergrund aufsteigender *Typus* historischer »Realtypen« erscheint. Der bourdieusche Habitusbegriff »entvölkert« dieses Gebiet der Ansammlung *konkreter* Gestalten und weitet gleichzeitig seinen entscheidenden Gedanken, die Tatsache einer praktischen »Einverleibung« einer geordneten gesellschaftlicher Wirklichkeit, von der aus umgekehrt die geordnete »Aneignung« dieser Welt ihren Ausgang nimmt, auf die Totalität aller Lebensäußerungen aus – wenn es schon bei Weber eine Vorstellung über die bis ins Körperliche reichende Macht dieser »Einfleischung« gibt, dann »stürzt« die soziale Ordnung bei Bourdieu nicht nur völlig in den Menschen hinein, sie bricht auch, in all ihren Einzelheiten zwar je »anverwandelt«, in ihren »Maßen« aber immer noch »sie selbst«, aus ihnen heraus. Bourdieu, der hier nicht nur Weber, sondern gerade auch Durkheim und Mauss zu lesen versteht, läßt mit diesem *praktischen Sinn*, dem »objektiven Sinn ohne subjektive Absicht«, alle »klassischen« epistemischen Gegensätze hinter sich.[44]

Der Begriff des »Feldes« schließlich, eine *strukturale* »Verstrebung« der bei Weber als *real* angelegten Interaktionen im Symbolischen, schließt diesen Kreis der Objektivation. Denn wieder braucht Weber diesen »handgreiflichen« Hintergrund, um seine so großartig beschriebenen und dabei »typisch« aufeinander verweisenden Praktiken im Religiösen einsichtig zu machen. Aber weshalb diese typische Relationalität, wenn doch – und wieder abgesehen von mehr oder weniger »durchsichtigen« *materiellen* Interessen, die bei Weber »immer mitspielen« – diese Praktiken jenseits barer »Zweckrationalität« liegen, vielmehr im *Symbolischen* aufeinander bezogen sind? Wie erklärt sich die Tatsache, daß Beziehungen, denen Weber eine *reale* Unmittelbarkeit zumindest soweit unterstellt, wie dies den »idealen« *Typus* verdeutlichen hilft, sich gestalten, als sei in ihnen das gesamte Universum der »anderen« Ausdrucksformen, gleichsam in »Leib und Seele«, gegenwärtig? Vielleicht ist es auch nicht ganz richtig, wenn Bourdieu hier vom »symbolischem Interaktionismus« Webers spricht: denn dessen »Idealtypen« als »kohärente Fiktionen« sind ja gerade deshalb so

---

44 Ausgeführt als systematische Wiederaufnahme der Studien über die Kabylen in *Esquisse d'une théorie de la pratique*, Paris 1972, hier *Entwurf einer Theorie der Praxis*, Frankfurt 1976, nochmals verdichtet im ersten Buch von *Le sens pratique*, Paris 1980, deutsch als *Sozialer Sinn*, Frankfurt 1987, alle Grundzüge dazu schon im gleichnamigen Beitrag zu *Actes de la recherche en sciences sociales*, 1, 1975, S. 43–86. An dieser Stelle nochmals der Verweis auf Bourdieus ganz und gar »entdinglichenden« Gebrauch seiner Begriffe, eindrücklich im ersten Buch, einer »Kritik der theoretischen Vernunft«, *Sozialer Sinn*, S. 49–258, und wieder in *Méditations pascaliennes*, Paris 1997.

bezwingend, weil Weber dieses Universum der Praxisformen auf ihr *Verhältnis* hin schon angelegt hat, ein heuristischer *coup*, der das bei Weber mit atemberaubend treffsicherer Intuition entwickelte Gesamtbild religiöser Praktiken in die Logik jeder einzelnen *real* »hineinversetzt«. Jedenfalls knüpft Bourdieu an dieses »Bild« *seine* heuristische Wendung: den Begriff des »Feldes«, systematischer Versuch einer Objektivierung des Universums der Praxisformen. Und wenn von diesem Versuch als einem *heuristischen*, einem »Kunstgriff« die Rede ist, dann deshalb, weil Bourdieus Entwurf sich, ähnlich wie die Anlage seines Habitus, gegen jede Substantialisierung sträubt, weil er immer den *praktischen* Gehalt der »Struktur« betont. Der Begriff des »Feldes« dient also nur dazu, jene »objektiven« Beziehungen zu verdeutlichen, die dem Handeln »Sinn« verleihen, sich *in ihm zeigen*, ohne notwendig *reale* Beziehungen auszudrücken – eine »Wiederholung« dessen, was der Habitus als generisches Prinzip eines »objektiven Sinns ohne subjektive Absicht« bewerkstelligt. Das »Feld« ist *nicht real*, aber das *Verhalten*, das Wahrnehmen und Fühlen, Denken und Handeln der Menschen geschieht *so*, *als ob* sie seinen »Kräften« gehorchten. Wie ist das zu verstehen?

Vor allem anderen muß hier festgehalten werden, daß der epistemologische Zuschnitt des Begriffs ohne jene *Dialektik von Verinnerlichung und Entäußerung*, wie sie auch der Vorstellung vom Habitus zugrunde liegt, ganz undenkbar ist. Wenn das »Feld« als besonderer Bereich gesellschaftlicher Lebensäußerungen, als eine eigentümliche »Ökonomie der Praxisformen«, als *geteilte Praxis* aneinander hervorgebrachter Praktiken eine »objektive« Wirklichkeit beschreibt, dann deshalb: weil es gleichzeitig *psychologische* Tatbestände meint, die – wenn auch, wie Weber einmal bemerkt, das »am schwersten zu fassende Element« – jene »objektive« *Grundlage des Handelns* abgeben, an der eine »Wissenschaft vom Menschen« nicht vorbei kann, deren *praktische Objektivierungen* – in Körper und Seele, Stein und Schrift, Raum und Zeit – diesem Handeln aber, eben *weil* sie das »Zeichen« ihrer Herkunft tragen, Halt geben, »Struktur« verleihen. Das strukturalistische Paradigma mit seinem Hang zur Verdinglichung der »Strukturen«, den umgekehrt, etwa bei Foucault, eine ganze »hermeneutische« Explosion begleitet, wird bei Bourdieu ganz entscheidend umgeprägt: von der epistemologischen Totalität der »Ordnung« zu einer *praktisch geordneten Totalität*, die – als menschliche Schöpfung – zu den Menschen gleichsam »spricht«. Die »objektiven Strukturen« dieses Universums aber, nach »beiden Seiten« hin objektiviert, im Wahrnehmen, Denken und Handeln »verkörpert« *und* in dessen Objektivationen selbst, in all den »Dingen«, die den Menschen gegenübertreten, sprechen *allein* über das *Verhältnis* dieser *Tatbestände*, ein

Verhältnis, nicht *real*, sondern *realisiert*, das dieser Totalität ihre Ordnung verleiht.[45]

Diese Ordnung nun, und hier wird Webers Entwurf nicht nur bis an die Grenze seiner Möglichkeiten, sondern noch darüber ausgedehnt, ist immer und überall *vermachtet.* Wenn bei Durkheim, der in der Welt der Primitiven nur das für ihn Bedeutsame – die Selbsterhöhung und Selbstverklärung der Gesellschaft im Religiösen – herausarbeitet, Fragen nach Macht und Herrschaft wenig Angriffsstellen zu finden scheint, werden sie bei Weber zum alles entscheidenden Fluchtpunkt: gesellschaftliche Befehlsmacht als »Herrschaft«, gesellschaftliche »Chancen« der Güterverfügung, zwischen ihnen »Fügsamkeit«, um alles »Kampf«. Bourdieu treibt diesen Gedanken aber in mehrere Richtungen und dabei sehr viel weiter. Auf der einen Seite mit seiner nochmaligen Verschärfung der Sicht innerhalb der *symbolischen* Dimensionen des Zusammenhangs. Noch stärker als Weber, der den Skandal einer regelrechten »Ökonomie des Heilsgeschehens« nicht gescheut hatte, bringt Bourdieu das *genuine Interesse* der Kämpfe zum Vorschein, die sich im religiösen Feld abspielen, die *innere* »Anteilnahme« an einer Welt, deren Gestalt sich gleichzeitig nach der *äußeren* »Teilhabe«, der *Stellung* in ihr, der »Verfügungsmacht« über sie, im *Verhältnis* zu allen anderen »Beteiligten« richtet – dieser *praktische*, ganz »diesseitige« Zusammenhang im »Heiligen«, genährt *durch ihn*

45 Natürlich bewegen wir uns hier in einem wissenschaftstheoretischen Bereich, der genug Stoff für Auseinandersetzungen bereithält. Das alles kann hier aus ersichtlichen Gründen nicht ausgeführt werden, wenigstens aber so viel: Bourdieu hat im Umkreis seiner »Ökonomie der Praxisformen« immer wieder einen höchst bemerkenswerten Schulterschluß *epistemologischer* und *epistemischer* Fragestellungen angestrengt, eine Brücke zu schlagen versucht zwischen einerseits dem bis heute wirksamen erkenntnistheoretischen Gegensatz von »Erklären« und »Verstehen«, aus dem die Sozialwissenschaften immer noch ein trotziges Selbstverständnis ableiten, das ihren »Deutungsrückstand« gegenüber den Naturwissenschaften in eine »Erwählung« verkehrt – während sich die Naturwissenschaften, gerade auch die moderne Physik, längst von derartigen Vorstellungen verabschiedet haben und diese Fragen, spätestens seit den großen Entwicklungen in der Sprachphilosophie, in einer ganz neuen Welt angekommen sind – und andererseits dem damit eng verschwisterten Gegensatz von »Subjektivismus« und »Objektivismus«, dem »Verständnis« ihres Gegenstandes selbst. Bourdieu, dessen Begriff von »Objektivität« als innerhalb eines »Raums der Möglichkeiten« heuristisch verdichtete *Relation* »subjektiver« Tatbestände auftritt, zeigt sich hier erneut als freimütiger »Grenzgänger«, die Fragen jedenfalls, die er aufwirft, haben sich weit über die Grenzen des eigenen Faches hinaus als bedenkenswert erwiesen. Neben vielen anderen Arbeiten in diesem Zusammenhang immer noch maßgebend *Soziologie als Beruf*, S. 1–89.

selbst, die »Einfleischung« seiner Kategorien »in Leib und Seele«, durch die allgegenwärtige Objektivierung der in ihm wirksamen Verhältnisse für alle Beteiligten sichtbar, sie selbst Gegenstand eines von ihnen »geforderten« Kampfes um Bewahrung und Veränderung: radikaler läßt sich eine materialistische Sicht dieses »Heilsgeschehens« und gleichzeitig das an ihm »unvordenklich Gegebene«, seine *symbolische Unmittelbarkeit* kaum denken, die »wohlbegründete Illusion«, von der Bourdieu gesprochen hat. Auf der anderen Seite versucht Bourdieu nun diese »Kräfteverhältnisse« innerhalb des Feldes, *praktische* Bestandsvoraussetzung, *historisches* Ergebnis und *aktueller* Einsatz des »Spiels«, mit Webers Herrschaftslehre zunächst *im Religiösen selbst* zu »zerlegen«, um dann, über die ihrerseits gesellschaftlich geordneten Verhältnisse der »Fügsamkeit«, zwischen »Professionellen« und »Laien«, den Bogen zu schlagen hin bis zum *sozialen Raum* als ganzem. Denn Webers Religionssoziologie und untrennbar davon seine Herrschaftslehre folgen hier zwei wesentlichen und nirgendwo sonst derart »rein« entwickelten gedanklichen Figuren, deren idealtypische »Realisierung« dann festgehalten wird: eine versammelt grundsätzlich *alle* Dimensionen religiöser »Herrschaftsansprüche«, die Bourdieu dann in seinem »Feld« nochmals in Beziehung zu setzen versucht, die andere zeigt »Heilsbedürfnisse« als *sozial geordnete* Arten der »Fügsamkeit«, die ihnen »entsprechen«, erneut eine Vorlage, die Bourdieu aufnimmt, »zerlegt« und auf seine Art wieder zusammenfügt.

Der erste Gedankenkreis zieht sich bei Weber vom Paragraphen über das Verhältnis von Zauberer und Priester über die Ausgestaltungen der Prophetie zum Gegensatz von Prophet und Priester im Abschnitt über die »Gemeinde«. Weber spielt dabei, und dies vor einem ungeheuren historischen Hintergrund, immer wieder seine »typischen« Gegensätze durch, ein Spiel »Zwei gegen Einen«: kultische und ethische Rationalisierung gegen »praktische« Magie, magische »Gabe« und prophetische »Offenbarung« gegen kultische »Ausbildung« und priesterliches »Amt«, der kultische »Betrieb« gegen die »freien Berufe«, die prophetische »Unentgeltlichkeit« gegen priesterliche Amtspfründen und die weltlichen Vergütungen des magischen »Gotteszwangs« – die Dreifaltigkeit von Tradition, Bürokratie und Charisma, die Herrschaftslehre Webers ist hier stets gegenwärtig und nirgends sonst sind seine »Geltungsgründe« so stark in echte »Herrschaftsverhältnisse« eingeflochten, in den Zusammenhang von ökonomischer, sozialer und symbolischer »Macht«. Bürokratie und Charisma: zwei große »Rationalisierungsmächte« gegen die Macht der Tradition, die Geltung des »ewig Gestrigen«, eine *religiöse Enteignung des nur Sozialen*. Tradition und Bürokratie: Herrschaft der Diesseitigkeit, der *sozialen Aneignungen des Religiösen*, beide im Kampf gegen die erschütternde Macht der charismatischen »Außeralltäglichkeit«. Charisma und Tradition: Infragestellung der bürokratischen Herrschaft, Widerständigkeit und Widerstand gegen die *Einteignung im Religiösen und Sozialen*. Weber hatte eine höchst beeindruckende Vorführung dieses Stücks geliefert, Bourdieu versucht nun, eine eigene Dramaturgie dafür zu schreiben, religiöse *und* soziale Herrschaftsverhältnisse *und* Geltungsgründe zueinander in Beziehung zu setzen. Er »teilt« das »Feld« gemäß der von Weber angedeuteten Logik und setzt die Teile »überkreuz«: auf der einen Seite *Herrschaft im Sozialen*, auf der anderen *Geltung im Religiösen*. Beide verweisen aufeinander, leben geradezu voneinander: je nachhaltiger sich eine »Logik«, eine besondere Ökonomie der Praxisformen aus der »totalen« Sozialökonomie der Anfänge herausschiebt, desto heftiger werden die Kämpfe um das Recht eben dieser »Welt« in ihr. *Herrschaft im Religiösen* bedeutet für Bourdieu wie für Weber die »Vermachtung« eines Teils der gesellschaftlichen Wirklichkeit, die ohne soziale und ökonomische Unterlage kaum vonstatten gehen kann. Der offizielle Kult, abgerungen dem »magischen Denken«, nicht nur jener Unmittelbarkeit aller Versuche, die Götter zu »zwingen«, sondern auch der fraglosen Verschwisterung politischer, ökonomischer und religiöser Macht, gibt sich der »Welt« anheim: er stattet sich aus mit Zeichen weltlicher Macht, hinter der soziale, politische und ökonomische Macht zum Vorschein kommt, und entwertet gleichzeitig den »praktischen«, in jeder Hinsicht ganz »diesseitigen« Gottesdienst – die »Welt aber ist in beiden gegenwärtig. Dagegen tritt eine Macht an, die sich frei von jeder »Diesseitigkeit« glaubt, »geoffenbart«, selbstlos und unmittelbar: gegen die »Welt«, gegen den Alltagsglauben und die Herrschaft des »Kultus«, mit dem sie soziale Herrschaft verbunden weiß – ohne sich Rechenschaft darüber abzulegen, wie sehr gerade ihr »Charisma«, als Vorwegnahme und Erfüllung, als »Sprache« der Enteigneten, ganz »diesseitige« Kräfte in ihr Heilsversprechen zieht.

Zwei »Koordinaten« in einem »Feld« sind es also, die Bourdieu hier entwirft: Kampf der Virtuosen, der Bestellten und Geweihten, der Ausgebildeten, Begnadeten und Berufenen, um die Legitimität der Heilsspendung, ein Kampf, der im *praktischen* Bewußtsein von Herrschaft und Enteignung um das Verhältnis zur »Welt« ausgefochten wird, auf der einen Seite herrschender Kult und praktische Magie, die beide »soziale« Mächte auf ihrer Seite wissen, auf der anderen Seite »reine« und »neue« Offenbarung, die ethische Prophetie. Und dann ein Feld der »Herrschaft« selbst, und hier wieder: der herrschende Kult und die »vorherrschende« Tradition, eine ganze soziale Welt zwischen ihnen, völliges gegenseitiges Unverständnis, die Vermittlung herrschenden Prunks und Umittelbarkeit der praktischen »Sorge«, die

Wege zum Heil beide diesseitig, ihre »innere« Geltung aber aus ganz unterschiedlicher *sozialer* »Fügsamkeit« als Ausdruck unterschiedlicher sozialer Verfügungsmöglichkeiten geschöpft, den einen offen, den anderen unzugänglich, schließlich die aus der Krise geborene Kraft, soziale Bedrückung in religiöse Erwählung umzutaufen. Die Folgen dieser Deutung sind offensichtlich: wenn sich im *religiösen Feld* Kämpfe zwischen den dort Herrschenden und Beherrschten abspielen, dann sind es gleichzeitig Kämpfe, die den *sozialen Raum* als ganzen betreffen. Weber hat in seinem wunderbaren Abschnitt über »Stände, Klassen und Religion« diesen zweiten Gedankenkreis in bezwingender Weise entworfen, nun stellt Bourdieu, der hier seinen Begriff vom Habitus in plastischer Weise, »sozial konkret« ausgeführt findet, das Verhältnis zwischen religiösem Feld und »Feld der Macht«, zwischen »Ökonomie des Heils« und sozialer Ordnung, religiösem »Angebot« und gesellschaftlicher »Nachfrage« in den Rahmen einer *aus dem religiösen Feld abgeleiteten* Vorstellung vom »sozialen Raum«, gebildet durch je besondere Verfügungsmöglichkeiten über *materielle und symbolische Güter*, in dem die »Haltungen« und »Gesinnungen« der Menschen ihrer Stellung dort in der Art einer praktisch »prästabilierten Harmonie«, einer *strukturalen Homologie* entsprechen. Kriegerstand, Beamtenschaft, Kaufleute, bäuerliche Schichten, städtisches Proletariat und Kleinbürgertum, sie alle entwickeln ganz eigene, mehr oder weniger tiefe, mehr oder weniger durchgeistigte, innerliche oder auch ganz handfeste »Heilsbedürfnisse«, Ausdruck eines »praktischen Sinns« der »Lebensweisen«, in dem ihre Stellung im »Raum der Lebensweisen« zusammenfließt, eine Stellung »homolog« zu jener, die den »Heilsspendern« im religiösen Feld sozial »auf den Leib geschnitten« ist: Herrschaft und Beherrschtheit zeigt sich im *Glauben*.

Wir müssen hier nicht bis in alle Einzelheiten ausführen, wie Bourdieu nun diesen Zusammenhang durchgestaltet: daß er dies mit einer systematischen Konsequenz tut, zu der seine »ökonomistische« Begrifflichkeit nur eines der Mittel ist, daß er dabei nirgends die »plastische« Tiefe der weberschen Vorlage einebnet, sondern ihr im Gegenteil ganz neue Seiten abgewinnt, frisches Leben einhaucht, sei noch einmal festgehalten – seine Arbeit zur *Genese und Struktur des religiösen Feldes* ist für den unvoreingenommenen Leser ansonsten beredt genug. Und auch die Anknüpfungsstellen dieser eigenwilligen Exegese Webers, das Fortwirken der »mit Weber und über Weber hinaus« entwickelten Gedanken sind hier allemal deutlich. Bourdieu, ein in Algerien »praktisch« ausgebildeter Ethnologe, der spätestens seit seiner Rückkehr nach Frankreich Soziologie als »Ethnologie des Autochtonen« betreibt, hat mit seinem Begriff, mit seiner heuristischen Vorstellung des Feldes den Kreis der soziologischen »Objektivation des Subjektiven« geschlossen.

Alles, was danach kommt, ist eine Weiterführung, Ausarbeitung, eine fast explosionsartige Anwendung dieser gedanklichen Errungenschaften. Denn wohl auch im Hinblick auf ihre Wirkungsgeschichte bleibt der bedeutendste Strang jene häretische Fragestellung, die Bourdieu in allen Bereichen des Symbolischen, der »Kultur« ansetzt. Im Verlauf der sechziger Jahren waren dazu schon eindrückliche Arbeiten entstanden, nun dehnt Bourdieu all dies auf sämtliche »Felder« der »Produktion und Konsumption symbolischer Güter« aus, bis hin zu seiner unbestritten »epochalen« Studie über die soziale Ordnung des »Lebensstils«, *Die feinen Unterschiede* – Bourdieu hat hier nach dem »Modell« der religiösen »Weihe«, Vorlage für alle anderen Formen symbolischer Herrschaftsansprüche, jene Ausgestaltungen gesellschaftlicher Alchimie benannt, durch die sich eine Wandlung »weltlicher« Dinge in »geheiligte« Güter, von Menschen aus »Fleisch und Blut« in die Heilsverweser des »guten Geschmacks« vollzieht, den sozialen Umgang mit der »Kultur«, symbolischen Gütern und Praktiken, die »Soziodizee« des Privilegs, von der er ironisch und in Anlehnung an Weber spricht, wie kein anderer ins Licht der baren »Diesseitigkeit« gestellt. Der *Homo academicus* führt diese Fragen weiter in den Bereich der Wissenschaft, *Die Regeln der Kunst* auf das Feld der Ästhetik,[46] dazwischen liegt ein ungeheures, thematisch breit gefächertes und empirisch hoch gesättigtes »Unternehmen«, dessen Forschungsergebnisse, in Bourdieus Zeitschrift *Actes de la recherche en Sciences Sociales* seit Mitte der siebziger Jahre in hunderten Untersuchungen festgehalten, die erstaunliche heuristische Kraft und praktische Anschlußfähigkeit der die Jahre zuvor entwickelten Vorstellungen belegen.[47]

---

46 Die entrüsteten Stimmen, von denen Bourdieus Forschungen, gerade im Bereich der »Kultur«, immer wieder begleitet werden, sind ein beredtes Zeugnis für die »systematischen« Intuitionen dieser regelrechten »Aktionssoziologie«. Mit *Les régles de l'art* hat Bourdieu, der in seinem vielleicht schönsten Buch Genese und Struktur des literarischen Universums nachzeichnet, wohl mehr »heilige Kühe« zum Sprechen gebracht, als den meisten erträglich war. Der geradezu zwanghafte Einwand, Bourdieu »verstehe« nichts von Kunst, führt so schlagend den »Geschmackvorbehalt« der zu ihrer Deutung »Ausersehenen« vor Augen, daß auch die langen Ausführungen zu »Methodenfragen« unverständlich bleiben mußten – die Kunst der »Schau«, deren Virtuosen schon Weber »ins Lichtspiel« verwiesen hatte, duldet keine Wissenschaft der »Schöpfung«.

47 Der Ertrag solcher im Anschluß an Bourdieus Konzept des »Feldes« von ihm selbst und in seinem Umkreis durchgeführten Untersuchungen ist so ungeheuer, daß es tatsächlich keine Koketterie ist, die im Folgenden angegebenen Publikationen als »kleine Auswahl« zu bezeichnen. Zu Literatur, Kunst und »Kultur« Luc Boltanski, La constitution du champ de la bande dessinée, *Actes de la recherche en sciences sociales* 1, 1975, S. 37–59; Pierre

Epilog

Zum Verhältnis von »Theorie« und »Praxis«

Von der »Ökonomie des Heilsgeschehens« zu einer »Theorie der sozialen Welt«: wir sind dort angelangt, wo sich die Wege des »Klassikers« und des eigenwilligen »Exegeten« zu trennen scheinen: Weber, selbst ein ganz eigenwilliger Zögling jener Historischen Schule der

---

Bourdieu, *Les régles de l'art*, Paris 1992; Pierre Bourdieu/Yvette Delsaut, Le couturier et sa griffe: contribution à une théorie de la magie, *Actes de la recherche en sciences sociales* 1, 1975, S. 7–36, gekürzt in Die neuen Kleider der Bourgeoisie, *Kursbuch* 42, 1975, S. 172–182; Christophe Charle, *La crise littéraire à l'époque du naturalisme*, Paris, 1979; eine Sammlung zum literarischen Feld herausgegeben von Louis Pinto und Franz Schultheis, *Streifzüge durch das literarische Feld*, Konstanz 1997; weiter Rémi Ponton, *Le champ littéraire en France de 1865 à 1905*, Paris 1977 und Naissance du roman psychologique. Capital culturel, capital social et stratégie littéraire à la fin du XIXe siècle, *Actes de la recherche en sciences sociales* 4, 1975, S. 66–81; Gisèle Sapiro, La raison littéraire. Le champ littéraire français sous l'occupation, *Actes de la recherche en sciences sociales* 111–112, 1996, S. 3–35. Zu Politik, Staat und Bürokratie Pierre Bourdieu, La force du droit. Eléments pour une sociologie du champ juridique, *Actes de la recherche en sciences sociales* 64, 1986, S. 5–19, *La noblesse d'État. Grandes écoles et esprit de corps*, Paris 1989, gedrängt in Esprits d'État, *Actes de la recherche en sciences sociales* 96–97, 1993, S. 49–62, dies auch in *Raisons pratiques*, Paris 1994, S. 99–145 und *Praktische Vernunft*, Frankfurt 1998, S. 96–136, La représentation politique, *Actes de la recherche en sciences sociales*, 36–37, 1981, S.3–24, überarbeitet in *Propos sur le champ politique*, Lyon 2000. Rémi Lenoir, L'État et la construction sociale de la famille, *Actes de la recherche en sciences sociales* 91–92, 1992, S. 20–37 oder L'invention de la démographie et la formation de l'État, *Actes de la recherche en sciences sociales* 108, 1995, S. 36–61, als Übersetzung in *Österreichische Zeitschrift für Geschichtswissenschaft* 1997, S. 400–442. Zum »sozialen Raum« natürlich Pierre Bourdieu, *La distinction. Critique sociale du jugement*, Paris 1979, mit Monique de Saint-Martin *La sainte famille* und Le patronat, *Actes de la recherche en sciences sociales* 20–21, 1978, S. 3–82, zum Adel Monique de Saint-Martin, *L'espace de la noblesse*, Paris 1993, deutsch als *Der letzte Stand*, Konstanz 2001. Zum ökonomischen Feld erneut *Le patronat*, weiter Pierre Bourdieu, Le champ économique, *Actes de la recherche en sciences sociales* 119, 1997 und jetzt *Les structures sociales de l'économie*, Paris 2000, zu Teilen in *Der Einzige und sein Eigenheim*, Hamburg 1998, kürzlich auch Frédéric Lebaron, *La croyance économique*, Paris 2000. Zum akademischen Feld mindestens Bourdieu, La spécificité du champ scientifique et les conditions sociales du progrès de la raison, *Sociologie et Sociétés* VII, Mai 1975, S. 91–118 und *Le champ scientifique*, selbstverständlich *Homo academicus*, zuletzt *Les usages sociaux de la science*, Paris 1997, deutsch *Vom Gebrauch der Wissenschaft*, Konstanz 1998.

deutschen Nationalökonomie, deren Wissensbestand er, als Letzter seiner Zunft, mit großartigem Gespür für ihre wesentlichen Fragen zu ordnen und dabei zu retten versucht, hat dabei nie eine »Theorie« der »typischen« Zusammenhänge seines Stoffs liefern wollen, ihn vielmehr gründlich und in alle Richtungen »vermessen«, bei Bourdieu entsteht demgegenüber der Eindruck eines »systematisch« verfaßten Ganzen, dessen epistemische Bezüglichkeiten in jeder auch noch so abgelegenen Einzelheit zum Vorschein kommen – besteht hier also nicht ein radikaler Unterschied? Bevor man dieses Urteil zu eilig unterschreibt: was immer auch die »alten« Deutungen in das Werk Webers hineingelesen, an ihm verkannt oder auch entstellt haben mögen, der geradezu hypnotisierte Blick auf die »abendländische Rationalität«, den »methodischen Individualismus«, den »ethischen Dezisionismus« – die »neuen« machen es nicht besser. Denn natürlich hat Weber, der hier auf wundersame Weise zum »praktischen Philosophen« geworden ist, das betrieben, wofür er bis heute steht: Soziologie. Selbst wenn ihm der Begriff nur behagte, wenn er ihm »seine« Bedeutung geben konnte – Weber versucht, die *brauchbaren* Bestände aus der Tradition der historischen Nationalökonomie zu retten, *ihre*, die Blindheiten eines unbewältigten Idealismus vor dem Hintergrund anderer, den *naturalistischen* Anmaßungen der ganz neuen »Wissenschaften vom Menschen« zu benennen, *und* dabei das neue Fach vor denselben Fehlern, vor all seinen Neigungen zur *Verdinglichung* zu warnen: er sagt, wie die eigene Soziologie fragen muß, um als Wissenschaft zu gelten, und er verwirft, was eine solche Wissenschaft *nie und nimmer* begründen kann. In den Aufsätzen zur *Wissenschaftslehre* tut sich Weber oft schwer, diese Stoßrichtung verständlich zu machen, klarer werden seine »methodologischen« Anmerkungen dazu in den »Vorworten«, »Einleitungen« und »Zwischenbemerkungen« – liest man sie, dann ist wirklich keine Spur mehr von »methodischem Individualismus«, aus dem die zu neuem Ruhm gekommene Lehre der »klassischen« Nationalökonomie ihren mathematischen »Roman« zu schöpfen begonnen hatte. Und tatsächlich ist Bourdieu wenigstens in dieser Hinsicht ein »Wahlverwandter« Webers, in einer *Haltung*, die alle konkretistischen Illusionen deshalb zerstören will, weil erst die »freie Sicht« auf die tatsächliche Welt ethisches Urteil und praktisches Handeln einander nahe bringt. Bourdieus »Theorie« der sozialen Welt ist nichts anderes: ein beständiger Versuch, allen naheliegenden Verklärungen dieser Welt, den sozialen Schwerkräften, dem »fraglos Gegebenen« und »konventionell Selbstverständlichen« diese freie Sicht abzuringen – nur so ist eine »Wissenschaft vom Menschen« möglich. Und dabei teilt Bourdieu auch Webers Schicksal, nicht nur einer allgegenwärtigen Substantialisierung seiner *heuristisch* gemeinten Begriffe, sondern auch seine Auslieferung an einen idealistischen »Furor«, der vom »Dezisionisten« Weber bis zum »Relativisten« Bourdieu alles trifft, was dem »guten Geschmack« jener akademischen »Wertegemeinschaft« zuwiderläuft, die in ihrer Verdammung des »Positivismus« immer wieder den einfachen Weg geht, »Sein« mit »Sollen« zu verwechseln. Auch hier ist der Vorwurf des »Imperialismus«, dem sich schon Durkheim und seine Schüler ausgesetzt sahen, mehr als alles andere gegenwärtig: der Anspruch eines Faches, das den Menschen »vermessen«, *Wissenschaft* und *Forschung* betreiben will, stellt den Deutungsvorbehalt einer Zunft in Frage, die ihn »auslegen« zu können glaubt – der akademische *Candide* ist hier sehr viel weniger unschuldig, als es den Anschein hat.

Bourdieus »Theorie der sozialen Welt«, das ist richtig, tritt zuerst als »negatives«, als »Abrißunternehmen« auf, wie es Bachelards *Philosophie des Nein* gefordert hatte – aber zeigt sich uns irgendwo in der Geschichte der Naturwissenschaften, der »Theorie der materiellen Welt«, ein anderes Verfahren? An diesem praktischen Verständnis von wissenschaftlichem Fortschritt ändert die radikale Heterogenität von »Naturtatsachen« und »Kulturtatsachen« auch nicht nur das Geringste. Vielmehr umgekehrt: nur die kritische Infragestellung der eigenen Grundlagen bringt sie immer wieder zustande. Die Bedeutung Bourdieus für die Soziologie insgesamt ist, so umstritten Herangehensweise und Ergebnisse »seiner« Soziologie auch immer sein mögen, für »ihre« Fragestellungen in dieser Hinsicht mehr als offensichtlich. Und das gilt auch und gerade für die Religionssoziologie, von der mit Durkheim und Weber das Fach als ganzes seinen Ausgang, mit der Bourdieu selbst sein eigenes Unternehmen in Angriff nimmt. Wenn sie bis heute kaum aus dem Schatten dieser »Gründer« heraustreten konnte, dann ist ihnen mit Bourdieu jedenfalls ein erkennbarer Erbe erwachsen. Durkheim und Weber haben, jeder auf seine Weise, das »Besondere« an der Religion eingeebnet, das »Heilige« entweiht, zugunsten einer Vorstellung, die in ihr den durch und durch sozialen, den ganz praktischen Gehalt einer jeden kollektiven Lebensäußerung erkennt. Fordert der wissenschaftliche »Beruf« nicht mehr und nicht weniger als diese »Sachlichkeit«, dann hat Bourdieu einen ungeheuren, kaum mehr zu überblickenden Beitrag dazu geleistet. Fordert er zudem »Leidenschaft« – wer wollte gerade sie ihm bestreiten? Weber, dessen historische Bewunderung jenen Puritanern gilt, in denen sich – und wieder im historischen Rückblick, der in unseren Tagen diese Möglichkeit verloren sieht – ein kostbares Gleichgewicht »innerer« Beseelung und tätiger Weltgestaltung verkörpert, hat selbst, unter den massivsten Anfechtungen, dieses Gleichgewicht »persönlich« zu erzwingen und »pädagogisch« vorzuführen versucht. Bourdieu ist diesen Weg noch weiter gegangen: er hat, und nicht erst seit dem *Elend der Welt*, mit seiner »Vermessung« gegenwärtiger »Weltverhältnisse« den Beruf der »Sachlichkeit« an eine Grenze getrieben, die zu *ethisch* veranlaßtem Handeln herausfordert. Mehr kann eine Wissenschaft nicht tun, um eine echte, praktische »Wissenschaft vom Menschen« zu sein.